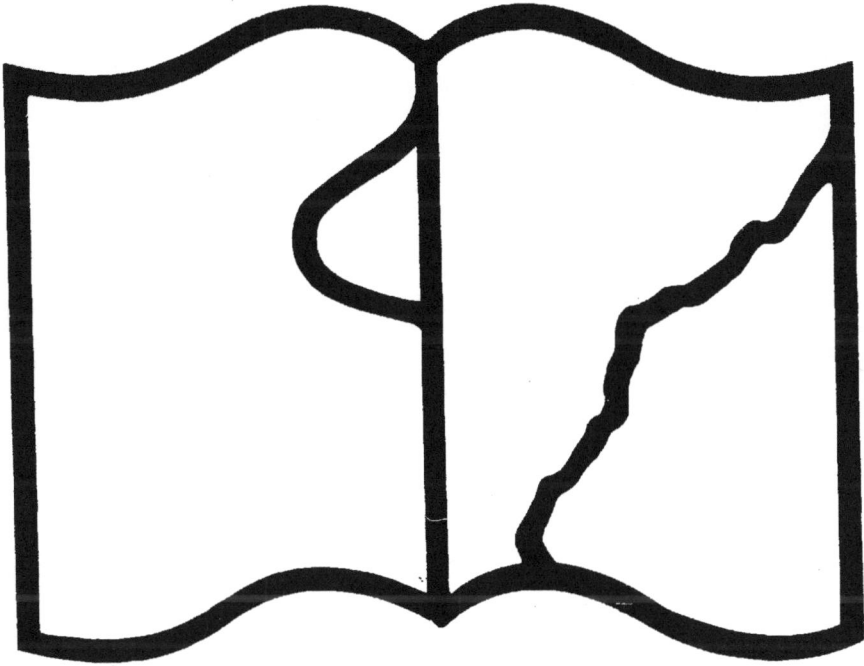

Texte détérioré — reliure défectueuse

NF Z 43-120-11

Biarritz Guide

ILLUSTRÉ

de

30 PHOTOTYPIES

ou

DESSINS À LA PLUME

SCOTLAND

BRITISH TAILORS

— Place Bellevue —

FOR GENTLEMEN AND LADIES

Haute Nouveauté pour Messieurs

LES DERNIERS MODÈLES POUR DAMES

SONT EXPOSÉS A L'INTÉRIEUR

Ne faisant spécialement que le Tailleur, la Maison est renommée pour ses Modèles et ses dernières Nouveautés.

Biarritz
Guide

Illustré de **30 Phototypies**

ou Dessins à la Plume

◝◞

Années 1892-93

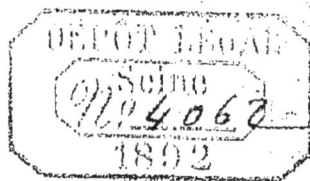

◝◞

Imprimerie F. HERMET

· **PARIS — ORLÉANS** ·

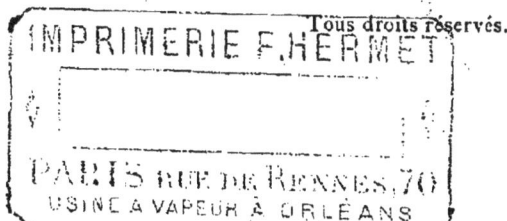

Nous remercions les industriels et commerçants qui ont bien voulu encourager notre œuvre.

Par les nombreuses gravures intercalées dans le texte, la nomenclature des diverses industries locales, nous faisons connaître le pays aux touristes, en même temps que nous leur évitons une grande perte de temps.

Nous ajoutons que notre but n'est nullement pécuniaire et que nous n'avons en vue que la prospérité de notre cité.

AUX NÉGOCIANTS

L'édition de 1893, pour ceux qui déjà figurent dans ce guide, comprendra des annonces aux mêmes conditions que celles de la première année; pour les nouvelles réclames le tarif est arrêté ainsi qu'il suit :

Sans photogravure :

Les trois lignes.............	10 fr.
Le tiers de page.............	20 —
La demi-page.............	30 —
La page entière............	40 —

Avec photogravure.

Les deux demi-pages ou page
  entière...................... 5o fr.
Les deux pages en regard... 100 —

N. B. — Les abonnements aux annonces,
réclames, avec ou sans photogravures, partent
du 1er août 1892 au 1er août 1893.

BIARRITZ A VOL D'OISEAU (vue prise de la plage).

Frois, *photo.*

NOTICE

IARRITZ, perché comme un nid de mouettes sur des falaises, jadis pauvre port de pêcheurs, grâce à une prospérité sans exemple, étale orgueilleusement aujourd'hui son immense ligne d'hôtels somptueux et de riantes habitations.

Cette ville est, sans contredit, la plus belle et la plus agréable des stations hivernales et balnéaires de France.

Notre coquette plage est si connue par les nombreuses descriptions qui en ont été faites, par les éloges des touristes, que nous pouvons nous dispenser d'ajouter un nouveau tableau à tous ceux que de plus habiles que nous ont tirés de cette perle de l'Océan.

Mais je dirai pourtant que son admirable position sur le bord de la mer, la majesté de ses horizons, les riantes localités qui l'environnent, la limpidité et la salubrité de son atmosphère, la beauté de ses paysages; en un mot l'abondante réunion, dans son sein, de

tout ce qui peut charmer la vie, le pittoresque
de sa topographie enfin, assurent à Biarritz,
pour toujours, un sceptre dont aucune ville de
bains ne saurait lui disputer la légitime pos-
session.

En effet, c'est la ville la plus charmante de
de tout le littoral français ; que l'on suive les

BIARRITZ EN 1820. — LE PORT DES PÊCHEURS.

côtes de la Manche, de l'Océan ou de la
Méditerranée, nul climat n'est plus salubre
que le sien, nul ciel plus clément, nulle situation plus poétique grâce à la féerique alliance
de la mer et des montagnes.

Pour l'homme comme pour la femme et
l'enfant, pour les natures fortes comme pour les
êtres faibles, pour les indigènes comme pour

LE CASINO

Ouvrard, photo.

les étrangers il semble que la Providence ait dit à Biarritz :

« Tu seras la Ville de bonheur et de prospérité, en même temps que la plus gracieuse et la plus séduisante de toutes tes rivales. »

Biarritz, situé sur le golfe de Gascogne, au pied des Pyrénées, compte, d'après le dernier recensement de 1891, neuf mille cent soixante-dix-sept habitants.

Rappelons que Biarritz comptait, en 1860, quatre mille habitants seulement.

On peut évaluer à neuf cents le nombre de chalets et de villas destinés à la location, et à cinquante mille environ le nombre d'étrangers et de touristes qui passent annuellement à Biarritz.

CLIMATOLOGIE DE BIARRITZ

Au point de vue climatologique, nous renvoyons la question et au Congrès international d'hydrologie et de climatologie, dont la première session a eu lieu à Biarritz en 1886, et à la Société *Biarritz-Association*.

Nous dirons pourtant que la station médicale de Biarritz est considérée comme la première station balnéaire de France. Elle se trouve dans la partie la plus favorisée de la zone comprise et spécialement connue sous le nom de climat pyrénéen, qui est le climat par excellence.

Afin de mieux démontrer la supériorité, sur toutes les autres stations balnéaires, de cette situation privilégiée, nous fournirons les preuves convaincantes que voici :

BAROMÈTRE.

La pression barométrique normale est de 760 millimètres variant, d'après les perturbations atmosphériques, de 740 à 780.

La moyenne des observations barométriques est :

	mm.		mm.
Pour l'hiver.........	760	Pour l'été...........	761
— le printemps...	745	— l'automne......	756

THERMOMÈTRE.

A Biarritz, la température est en toute saison relativement modérée.

Il n'en est pas de même dans certaines stations où la chaleur est intense et le froid rigoureux.

C'est l'opposition des climats continentaux, qui sont excessifs, aux climats maritimes qui sont en général constants.

MOYENNES DE LA TEMPÉRATURE

(d'après les relevés de l'Observatoire de la Grande Plage)

A BIARRITZ, DE 1884 A 1891.

	MAXIMA.	MINIMA.	MOYENNE.
Décembre.........	12.4	4.7	8.1
Janvier...........	11.3	4.0	7.6
Février...........	11.5	4.0	7.7
Mars.............	13.7	5.8	9.7
Avril	15.1	8.0	11.6
Mai.......	18.7	11.3	15.0
Juin	22.4	15.2	18.8
Juillet	24.2	16.0	20.5
Août.............	24.1	16.3	20.2
Septembre........	23.3	14.7	19.0
Octobre..........	18.0	10.3	14.1
Novembre.........	14.7	6.9	10.8

OBSERVATOIRE.

TEMPÉRATURES COMPARÉES DE PARIS, DE NICE ET DE BIARRITZ

du 1er décembre 1887 au 30 novembre 1890.

		MAXIMA.			MINIMA.			MOYENNE entre maxima et minima.		
		Paris.	Nice.	Biarritz.	Paris.	Nice.	Biarritz.	Paris.	Nice.	Biarritz.
Hiver......		3.8	9.9	9.4	1.1	2.4	3.2	1.3	6.1	6.3
Printemps.	1887-1888	13.5	16.0	15.3	4.4	7.6	6.6	8.9	11.8	10.9
Été.......		21.8	24.4	23.5	11.6	15.1	14.5	16.7	19.2	19.0
Automne..		15.1	18.8	19.5	5.8	10.3	10.9	10.4	14.6	15.2
Hiver......		5.5	11.2	11.0	1.1	3.1	4.3	2.0	7.1	7.6
Printemps.	1888-1889	14.3	15.6	14.8	5.1	7.2	8.6	9.7	11.4	11.7
Été.......		24.5	26.0	23.6	12.5	14.9	16.0	18.5	20.4	19.8
Automne..		14.8	18.7	19.3	5.9	10.1	11.0	10.3	14.4	15.1
Hiver......		5.9	10.7	11.8	0.3	3.7	3.9	3.1	7.2	7.8
Printemps.	1889-1890	15.7	17.1	16.0	4.6	7.4	8.7	10.1	12.2	12.3
Été.......		22.2	24.7	23.0	11.2	15.6	16.0	16.7	20.1	19.5
Automne..		14.7	17.9	18.1	5.8	8.7	10.7	10.2	13.3	14.4

LES PLAGES DE BIARRITZ

Les plages de Biarritz comptent, sans contredit, parmi les plus belles et les plus agréables.
Elles sont au nombre de trois :
La Grande Plage ;
La plage du Port-Vieux ;
La plage de la Côte des Basques ;
Chacune de ces plages possède un vaste établissement qui comprend des cabines en nombre suffisant, divisées en cabines de luxe, cabines ordinaires et cabines en commun.

ÉTABLISSEMENTS DE BAINS CHAUDS

Il existe également à Biarritz deux grands établissements de bains chauds, avec tout le confortable nécessaire.

Les bains chauds de M. Darricarère sont à la Grande Plage, et ceux de Mme Vve Larrebat au Port-Vieux.

On trouve également dans ces établissements des bains de vapeur et toute espèce de bains médicinaux, y compris les fumigations et les douches.

LA SAISON DES BAINS DE MER

La saison dure du 1er juin au 15 novembre.
On n'a pas à redouter les variations trop

fréquentes de la température qui règnent dans le Nord, où l'air est trop vif et trop froid.

C'est pour cette raison que le baigneur préfère Biarritz, où la température est constante.

SADARGUES.

———

1° LA GRANDE PLAGE. — 2° LA COTE DES BASQUES. — 3° LE PORT VIEUX

Ouvrard, photo.

PROMENADES

Il est huit heures; le soleil, qui passe à travers les persiennes de vos fenêtres, est venu vous réveiller.

Après votre petit déjeuner, vous descendez à la Grande Plage dont l'air pur et la vivifiante brise qui vient jusqu'à vous, vous enivre de ses impalpables caresses.

Longeant le quai, en face de vous, vous apercevez le phare avec ses rochers sombres, se détachant au milieu des brumes matinales; le palais Impérial, l'église russe; à votre droite, le British-Club ou cercle Anglais, l'hôtel Victoria et le Continental, constructions élégantes s'il en fut.

Vous revenez sur vos pas, mais, cette fois, prenez la plage. Vous enfoncez vos pieds avec un plaisir ineffable dans ce sable encore humide de la fraîcheur des vagues qui sont venues l'humecter.

Devant vous, le Casino, que le soleil frappe en plein; dans le lointain, en mer, le sémaphore avec l'oriflamme « Temps beau »; plus loin, le rocher de la Vierge.

La mer est calme; de petites lames blanches

ceignent le sable d'une frange d'écume ; vous
vous arrêtez un instant devant les baigneurs
matineux, transis par les baisers de la vague.

Laissant derrière vous le *Grand-Hôtel*, vous
longez le Casino, magistrale construction qui
domine la mer ; derrière, l'hôtel d'Angleterre,
semblable à un
château flanqué au
bout de son
rocher.

GRANDE PLAGE, MARÉE BASSE.

Vient ensuite la plage Sainte-Eugénie, avec
sa chapelle ; au-dessus, l'Attalaye ; à ses pieds,
le port des Pêcheurs, avec ses rochers dentelés.

Quelques barques de pêche rentrent à force
de rames.

La passe est difficile, et une à une elles pé-
nètrent dans le bassin du Port.

C'est, pendant un moment, un brouhaha
indescriptible : cris que dominent la voix mâle
des pêcheurs bronzés et les cris plus aigus des

LE PORT DES PÊCHEURS & L'ÉGLISE SAINTE-EUGÉNIE

Ouvard, photo.

femmes, se pressant autour de l'esquif fortuné.

Les plus actives, leurs paniers déjà pleins, se hâtent vers la ville qui retentira bientôt de leur cri si original.

Un vaste et large tunnel

LA ROCHE RONDE.

conduit au rocher de la Vierge.

Avec quelle grâce et quelle élégance est placée la Madone, sauvegarde des marins, tant de fois implorée par les malheureux en péril.

L'œil est agréablement surpris par ce rocher qui projette dans le ciel sa silhouette fantastique.

Un passage, pratiqué à l'intérieur, permet au promeneur de s'aventurer sur la jetée, longue langue de pierre que le flot lèche fiévreusement.

Ce point est surtout remarquable les jours de forte marée par l'aspect merveilleux des vagues.

Il est onze heures. La chaleur commence à se faire sentir.

— Il faut rentrer, pensez-vous.

A droite, se dresse le sémaphore; à pic comme dans un gouffre, la mer vient s'allonger mollement sur le sable d'une petite anse, où les baigneurs nombreux s'ébattent dans l'eau bleue : c'est le Port-Vieux, établissement coquet et souriant qui vous invite au repos.

Les baigneurs, par leurs joyeux ébats, vous font passer un moment agréable.

Vous rentrez à votre hôtel, content et satisfait de votre première promenade.

G. OUVRARD.

LE ROCHER DE LA VIERGE

Ouvrard, photo.

LE ROCHER DE LA VIERGE

LA MADONE

... ¡Dans les tréfonds insondés, la mer pleure et se lamente...

Lors en la grille qui l'encycle, la Vierge de pierre s'anime, et, quittant son piédestal fantastique, gagne à pas lents les dernières roches ; puis, attentive, longuement se penche pour écouter les rumeurs confuses du large... le flot qui pressé halette et sanglote en la nuit...

Et jusqu'à la Madone, des voix lointaines montent des gouffres... voix de vierges, d'enfants, voix de mères douloureuses et poignantes, qui, par delà les horizons, les genoux sur le sable, devant l'Océan en furie, doucement l'implorent...

Ce sont ces prières que, malgré le fracas des tempêtes, la Madone a entendues...

Sur le roc, à genoux comme ceux qui l'implorent, doucement elle parle aux flots irrités...

Par enchantement tout cesse : la mer redevient sereine...

A pas lents, la Vierge regagne son socle de pierre, et, immobile et spectrale, se profile en la brume lunaire !...

MAX BUGNICOURT.

Vers les trois heures, confortablement ins-
tallé dans une petite et élégante voiture, vous
prenez la route du Phare.

Au point de vue
historique, la pre-
mière construction
importante que vous
rencontrez, c'est le
Palais - Biar -
ritz, avec son

CHAPELLE RUSSE ET LE PHARE.

immense grille dorée. (Cet édifice fut construit
en 1845, sur les plans de Napoléon III.)

L'église russe et la roche Ronde, tour à
tour, passent devant vos yeux.

Construit en 1834, le phare, situé sur le cap

LE PALAIS DE BIARRITZ & L'ÉGLISE RUSSE

Ouvrard, photo.

Saint-Martin, vous permet d'apercevoir, de son sommet (73 mètres au-dessus du niveau de la mer), la ville à vol d'oiseau.

De la Chambre d'Amour par Anglet, on arrive au couvent des Servantes de Marie, dont une annexe, située au milieu des sables de la côte, implantée de pins, est occupée par des Bernardines. Ce couvent est à visiter.

Un kilomètre plus loin,

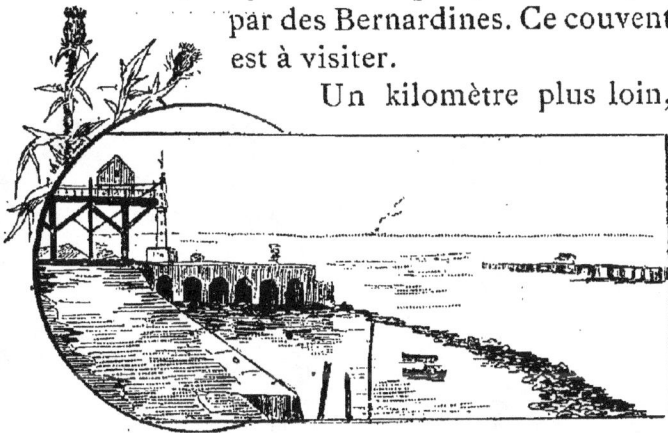

LA BARRE, EMBOUCHURE DE L'ADOUR.

vous trouvez la Barre, entrée du port de Bayonne assez dangereuse certains jours.

Près de la Barre, l'hippodrome de Bayonne-Biarritz, et en face, l'immense usine du Boucau, dont les cheminées monumentales envoient vers le ciel un continuel nuage de fumée.

Si la journée n'est pas trop avancée, suivez la route de Bayonne qui se déroule comme un long ruban, sous une immense voûte de verdure. Innombrables et réguliers comme les lances d'une armée en marche, les pins, à perte vue, vous environnent de leurs milliers de jambes.

Quittant les pignadars, une quadruple allée d'ormeaux centenaires vous conduit dans

LA ROCHEFOUCAULD.

Bayonne. Ne pouvant visiter en détail cette ville, vous ajournez votre excursion.

Le retour de Bayonne à Biarritz est non moins pittoresque que l'aller, à cause des ravissantes villas ou châteaux qui arrêtent à chaque instant vos regards ; le tramway vous coudoie à deux ou trois reprises.

L'avenue de La Rochefoucauld et l'avenue

Lebas sont, de ce côté, l'entrée de Biarritz.

Avant de passer devant le quartier du Gaz, aux blanches maisonnettes, vous rencontrez à

CHAPELLE IMPÉRIALE.

votre droite La Rochefoucauld, magnifique château, bâti au milieu de massifs d'arbres, résidence princière, où Sa Majesté la reine d'Angleterre séjourna en 1889.

A gauche, la villa Sapicha.

En face, l'ancienne Laiterie de l'empereur.

Mon-Désir, chalet genre suisse, fait avec un goût sans égal ; au-dessus, la propriété du duc de Frias.

A côté, la petite chapelle impériale, qui aujourd'hui se repose, emmaillotée dans un lit de fusains.

Il est six heures, le soleil encore haut : vous vous faites conduire à la Grande Plage où une foule d'élite se promène, en fraîches toilettes.

A la mer, de nombreux baigneurs prennent leurs joyeux ébats.

LA GRANDE PLAGE EN SAISON

Ouvard, photo.

LES AMES DES NOYÉS

Écoutez, écoutez !... Entendez-vous ces plaintes ?... Ce sont les âmes des noyés qui clament dans l'immensité.

En l'azur assombri, les étoiles, lucioles éternelles, irradiaient ; nul bruit dans les plaines. Seul, dans l'ombre des rocs où luisaient de gros anneaux de fer, avec un clapotement triste, le flot semblait se lamenter tout bas... et voici ce que vit et raconta une enfant vagabonde.

Étendus tout au fond sur le sable, des corps de noyés, ses frères, et bien d'autres pêcheurs depuis longtemps disparus en les nuits de tempêtes, lui murmurèrent, tendant vers elle leurs mains suppliantes : « Nous sommes morts, oh ! bien morts ! mais, par pitié, donne-nous des fleurs, des fleurs embaumées, pour envelopper nos corps, nos pauvres corps privés de suaires !... »

Lors, l'enfant cueillit les genêts qui croissaient au bord des falaises, et à pleines brassées les jeta dans la mer où s'évanouirent les visions, s'éteignirent les sanglots...

Chaque année, au printemps, quand le soir venu, les voix clament éperdues en la nuit, les veuves qui tisonnent, pensives près de l'âtre, se lèvent, et chuchotent aux enfants tout bas :

« Écoutez ! écoutez... Entendez-vous ces plaintes ? Ce sont les âmes des noyés, nos époux, vos pères qui demandent des fleurs !...

» Allons leur offrir les genêts des falaises pour envelopper leurs corps, leurs pauvres corps privés de suaires !... »

MAX BUGNICOURT.

Le lendemain matin, à la même heure, vous descendrez la rue Mazagran qui vous mène au Port-Vieux et vous reprenez là votre promenade interrompue la veille.

Passant devant l'établissement

CÔTE DES BASQUES.

des bains chauds de Mme Vve Larrebat, la villa Belza vous frappe par l'originalité de sa construction ; cette villa est bâtie sur un rocher. La mer, à force d'en laver les parois, a produit des excavations profondes.

Ici, la route contourne et vous permet de
voir l'établissement de la Côte des Basques,
située au pied de falaises calcaires. Au loin, et
comme horizon, les côtes d'Espagne se dessi-
nent vaporeusement dans le brouillard opalin.

Prenant le petit sentier qui zigzague derrière l'Établissement des bains, vous montez au
sommet de la côte ; là, un panorama magnifique
vous attend : à perte de vue, la mer s'étale ma-
jestueuse et indolente revêtant, par instants,
les chatoyantes couleurs d'un prisme, tandis
que la chaîne des Pyrénées va se perdre dans
le cœur de la frontière espagnole.

Et de ces deux effets, un contraste saisissant
se dégage, qui vous laisse longtemps rêveur
avec des aspirations d'infini.

A neuf heures vous passez devant la propriété
Heeren, qui a un vague aspect de château, à
cause de son cachet imposant.

Vous sentant un peu fatigué, vous prenez
une voiture qui justement passe vide.

— A Castel-Biarritz ! dites-vous au cocher.

Le long des falaises, quelques villas s'étagent,
et vous entrez en pleine campagne.

A deux kilomètres environ, vous trouvez la
villa Marbella, qu'habitait lady Bruce, élégante
demeure placée au milieu des tamaris et des
fusains. Son dôme de verre reluit, au soleil, de
mille feux, et semble un diamant dans la nuit.

Le sol devient aride et sablonneux ; tout le

long de la route s'étendent des plaines où l'herbe même pousse avec peine, brûlée par l'air salin. Tantôt, l'horizon est borné par des collines vertes ou par des massifs de pins, à la cime arrondie.

Laissant à droite la route du Bois de Boulogne, après la deuxième côte, vous voyez Castel-Biarritz qui se profile sur le ciel bleu.

Cette demeure est inachevée; la toiture manque en grande partie, et les fenêtres bâillent à tous les vents. Éole y règne en maître. Une petite allée vous conduit au pied de ce château, acheté tout récemment par la princesse GHIKA, sœur de Sa Majesté la reine de Serbie. L'auguste souveraine en veut faire sa demeure.

VILLA MARBELLA.

Retournant sur vos pas, à la bifurcation des routes, vous rencontrez à droite le chemin du Bois de Boulogne que vous avez laissé tout à l'heure, bordé de chaque côté de prairies; fuyant la mer, la route

blanche et poussiéreuse continue sous l'ombrage des pins, auxquels succèdent bientôt les grands chênes. Des fougères aux feuilles découpées et des bruyères garnissent le pied des arbres.

Bientôt paraît le lac Mouriscot, surnommé

CASTEL-BIARRITZ.

le lac Bleu, avec son onde tranquille qu'irisent de légers remous. De grandes herbes aquatiques l'entourent d'une ceinture d'émeraude.

Vous arrivez au bord du lac, nappe d'eau d'un kilomètre d'étendue. En son milieu, il est d'une très grande profondeur.

La mer est à deux kilomètres et demi ; le lac va s'y déverser.

2.

Moyennant une pièce, de petites barques vous promènent sur ses eaux dormantes.

On peut aussi y pêcher, car ce lac est très poissonneux.

Vous remontez les allées sinueuses, où quel-

LAC MOURISCOT.

ques roseaux doucement oscillent aux brises perdues.

A un kilomètre et demi, vous trouvez la route allant de Biarritz à la gare ; laissant la gare à droite, vous prenez la route de Bayonne que bordent des peupliers vivaces.

A noter la villa Ruitz, résidence de Sa Majesté la Reine Nathalie de Serbie.

Entourée du côté de la route par une grille blanche, la coquette villa étale, aux yeux charmés, ses massifs où domine le vert puissant des camélias.

Revenant sur vos pas, la première route que vous prenez à droite vous conduit au lac Marion; mais, avant d'y arriver, vous trouvez

LAC MARION.

Caloutça, jolie propriété appartenant à M. Chassériaux.

Quelques pas plus loin, le Petit Lac, entouré de saules aux blancs feuillages.

Retrouvant la route de la Négresse, vous rentrez en ville.

A votre droite vous trouvez l'église paroissiale, bâtie en 1700, qu'entouraient autrefois les modestes chaumières des pêcheurs biarrots.

A côté, la villa Lahore et le château Boulard.

Votre excursion est terminée, car vous arrivez à Biarritz, place de la Liberté.

G. OUVRARD.

VILLA RUITZ, RÉSIDENCE DE SA MAJESTÉ LA REINE DE SERBIE

Ouvard, photo.

NOCTURNE

Mais celle-ci donne l'idée de mourir lentement sous son regard.
(Baudelaire.)

De ta fenestrelle ajourée de jouvencelle, écoute, ô ma mie, ma très douce, la plainte de ton amant transi !...

Dans la nuit où bruine une cendre de ténèbres, l'un sur l'autre appuyés, ô ma très mienne ! là où les rochers s'étagent comme d'immenses éponges de pierres chevelurées d'écume, nous irons entendre les vagissements des vagues aux miroitements d'opales, des vagues aux frôlements énamourés !...

De ta fenestrelle ajourée de jouvencelle, écoute, ô ma mie, ma très douce, la plainte de ton amant transi !...

La nuit est propice aux amours candides... Sur la mer grande, pleine de bruits semblables au tonnerre d'un obscur sabbat, et qu'illumine la clarté falote des gondoles, nous voguerons dans la brume aux lugubres duvets !...

De ta fenestrelle ajourée de jouvencelle, écoute, ô ma mie, ma très douce, la plainte de ton amant transi !...

Aux pieds des falaises que dominent les tamaris, tordant leurs bras désordonnés comme des spectres hilares, faisant des signes à d'autres spectres, nous pèlerinerons enlacés... Les yeux levés vers les astres, pinçant de la mandore, à la lune, qu'entoure un halo roussâtre, je chanterai tes yeux, tes yeux de rêves, aux languides paupières d'Hindoue et qu'avive le khol !...

De ta fenestrelle ajourée de jouvencelle, écoute, ô ma mie, ma très douce, la plainte de ton amant transi !...

Max Bugnicourt.

I. VILLA FRIAS. — 2. HELDER.

EXCURSION A BAYONNE

L'après-midi, le soleil s'étant un peu couvert, la chaleur semble moins forte, car la brise fraîche venant de la mer l'adoucit beaucoup; vous en profitez pour aller à Bayonne.

Désirant revoir le superbe coup d'œil qui se déroule sur la route, vous prenez une voiture à la station, près de la charmante villa de M. Abadie.

Vient ensuite celle de M. le comte Duchâtel, magnifique construction, en face le British-Club; plus loin, le Victoria et le Continental, hôtels somptueux.

Longeant l'avenue de La Rochefoucauld, vous prenez l'avenue Lebas, bordée du côté gauche par une ligne de jolies villas.

Près du petit pont du chemin de fer qui traverse la route, dans les pignadars, à droite, la villa du duc de Tamamès avec ses tourelles arrondies, en face le chalet Thorold.

Successivement vous passez devant les villas Salvador, Santa Suarez et Sancho, qui sont des constructions princières.

Vous trouvez ensuite le petit village de Saint-Jean-d'Anglet, situé sur la route de Bayonne à Biarritz et à égale distance de ces deux villes.

C'est là que se trouve la route de Saint-Jean-de-Luz. Plus haut, sur cette route, « Quesnel », propriété remarquable par ses jolies pelouses ombragées tantôt par des bouleaux à l'écorce argentée, des saules pleureurs et des pins où le lierre s'enlace amoureusement ; tous les promeneurs admirent cette élégante propriété.

Après Saint-Jean-d'Anglet, les deux coquettes villas de Mont-Saint-Jean, comme deux sœurs jumelles, semblent se donner la main.

Minerva, joli chalet, qui se loue tous les étés, grâce à sa bonne position.

D'immenses pépinières bordent la route ; çà et là, de coquettes maisons égayent la campagne.

Après, la villa Pia, collège renommé de jeunes filles, viennent ensuite les villas Robis et Gomez.

Vous arrivez bientôt à Saint-Léon ; descendant rapidement les allées Paulmy, vous traversez le passage Pereire qui aboutit place d'Armes, au milieu de Bayonne.

BAYONNE

Ville très ancienne, autrefois capitale du Labour, aujourd'hui chef-lieu d'arrondissement.

La population est de 26 à 27 000 habitants.

Elle est sise au confluent de l'Adour et de la

Nive, qui forment à leur jonction un port de commerce très abrité et très important.

Ville forte, citadelle construite par Vauban, elle est la clef de la France du côté de l'Espagne.

On remarque dans cette ville :

1° La cathédrale Notre-Dame commencée en 1213 et continuée aux xiv° et xv° siècles ; complétée de nos jours par les deux flèches du portail, qui ont 70 mètres de hauteur ; belles verrières des xv°, xvi° et xvii° siècles ; grand-autel moderne, en marbre d'Italie ; dallage somptueux, châsse de saint Léon ; belles décorations, belles peintures ;

2° Saint-André, église moderne surmontée de deux flèches ; tableaux de prix ;

3° Église Saint-Esprit, nombreuses pierres tombales ; grandes sculptures représentant *la Fuite en Égypte* ; débris de murailles romaines ;

4° Le Château-Vieux, des xii° et xv° siècles, occupé par les administrations militaires ;

5° Le Château-Neuf, xv° et xvi° siècles, servant de caserne et de prison militaire ;

6° La mairie, faisant corps avec le théâtre, construite au bord de l'Adour, entre deux places.

Les alentours de Bayonne sont magnifiques.

Sur la rive gauche de l'Adour, en aval de Bayonne, se déroulent les allées Marines, qui se prolongent jusqu'à la limite de la commune d'Anglet. Belles et immenses promenades très ombragées.

Le long des remparts, et sur la route de Cambo, les allées Paulmy, fréquentées assidûment en toutes saisons. Elles se prolongent jusqu'au quartier Saint-Léon, petit faubourg situé dans un massif de verdure et dépendant de Bayonne.

En suivant

BAYONNE.

LE CHATEAU-VIEUX.

la route de Cambo, on passe devant l'hôpital civil, et plus loin, devant le lycée, construit sur les ruines de l'ancien château de Marracq, dont le splendide parc subsiste encore.

Quittant la route de Cambo, par un petit chemin qui croise la ligne du chemin de fer d'Espagne, on descend sur les bords de la Nive, dont les points de vue sont admirables. Cette rivière coule entre le Grand-Bayonne et le Petit-Bayonne, qui est construit sur la langue de terre séparant l'Adour de la Nive.

Ces deux quartiers de la ville sont reliés par quatre ponts.

En arrière du Petit-Bayonne se trouve la route de Saint-Pierre-d'Irrube et enfin le tunnel sous lequel bifurquent les deux lignes des chemins de fer d'Espagne et de Toulouse.

Le Petit-Bayonne est séparé du Saint-Esprit par l'Adour, et ces deux quartiers sont reliés entre eux par un large pont de 800 mètres de long.

Les alentours de Saint-Esprit sont pittoresques, les bords de l'Adour très verdoyants.

Le chemin de Saint-Étienne, par le boulevard Jean d'Amou, promenade bordée de peupliers, aboutit à la route de Saint-Vincent de Tyrosse, en passant devant le château Karadok, aujourd'hui la propriété de la famille Bocher.

Le petit hameau de Saint-Étienne, qui fait partie de la commune de Bayonne, se trouve construit à côté d'un des cimetières de la ville; de ce cimetière se déroule un panorama des Pyrénées, depuis le Grand-Vénasque jusqu'au bord de l'Océan.

Enfin, en face la rive droite de l'Adour, la citadelle, un des chefs-d'œuvre de Vauban.

En arrière de cette citadelle, à un kilomètre

et demi environ, du côté Nord-Ouest, se trouvent les cimetières des Anglais, un souvenir de la fin du premier empire.

Voici le résumé succinct des faits historiques :

Les Anglais avaient débarqué entre le Boucau et le cap Breton, pour tenter de surprendre et enlever la citadelle de Bayonne.

C'était dans la matinée. Une laitière du Boucau, qui allait vendre son lait à la ville, les aperçut sous bois et fut prévenir la garnison française.

Une embuscade fut dressée au sommet des ravins qui se trouvent en arrière de la citadelle.

Lorsque les Anglais arrivèrent sur trois colonnes, ils furent décimés par une fusillade très nourrie. Sur les lieux où chaque colonne combattit, on releva les cadavres et on les inhuma.

On voit, assez distants les uns des autres, trois carrés entourés d'un petit mur surmonté d'une balustrade en fer forgé : ce sont les cimetières.

Sur les tombes tumulaires, on lit les noms des nombreux officiers anglais tombés dans cette embuscade, et par le nombre des officiers on peut supputer le nombre des soldats.

En 1889, lorsque la Reine d'Angleterre vint à Biarritz, elle voulut aller voir ces cimetières et faire une visite aux morts pour la patrie.

Et à ses frais, elle fit réparer les clôtures qui tombaient en ruine.

Après votre visite dans Bayonne, vous rentrez à Biarritz par le B.-A.-B.

Passant près de la poudrière, qui se trouve

GARE
DU B.-A.-B.
A BIARRITZ, PLACE DE LA LIBERTÉ.

au bout de la place d'Armes, après avoir tra-
versé les remparts et le fossé sur un pont en
bois, vous débouchez sur les glacis.

De l'autre côté, se trouve la gare du petit
chemin de fer.

Le train quitte Bayonne toutes les demi-heures, laissant sur la droite les allées Marines, la caserne de la douane et l'usine à gaz. De chaque côté de la voie, de grands marais où poussent des joncs et des herbes aquatiques, puis les champs deviennent cultivés; vous passez devant le Refuge, surmonté de sa Vierge Blanche.

Quelques minutes après, vous arrivez à la seconde station « Anglet », où le train allant sur Bayonne vous croise.

A toute vapeur, vous vous dirigez sur Biarritz à travers de jolies petites campagnes toutes verdoyantes. Au loin le phare, droit comme un I, se profile dans le ciel bleu.

Un coin de verdure qui se déchire vous laisse entrevoir Biarritz, avec un peu de mer.

Le train franchit la route nationale sur un petit pont en fer, croisant le tramway qui passe dessous.

Nouvel arrêt à la station de la rue de France.

Enfin, traversant le superbe pont nouvellement jeté en travers de la route de la Négresse, vous arrivez à la Grande Gare, place de la Liberté, au centre de Biarritz.

Votre voyage s'est effectué en quinze minutes.

NOCTURNE

Avez-vous vu ma mie?

... Elle est pâle ainsi qu'une hétaire sans fard ou un rayon lunaire, et ses cheveux forment au-dessus de sa tête comme un chaperon de ténèbres.

Si frêle est sa taille, que lorsqu'elle va par les prés pleins de volètements d'ailes chantantes dans les glaïeuls des sources, les libellules blottissent leurs fureurs jalouses....

Avez-vous vu ma mie?

... Des rubans zinzolins dans ses cheveux safranés comme du féresli, plus blonds que les chéblis d'Orient, des fleurs plein les mains, elle chemine en chantant ; parmi les vieillards sadiques s'assied, et, caressée par leurs blêmes mains de satyres, mire dans le tokay de leurs coupes, son rire, ses yeux lilas pailletés d'or.

Celle vers qui vont mes désirs pèlerins, en la douceur rêveuse du crépuscule, dites, l'avez-vous vue?

MAX BUGNICOURT.

CAMBO

Cambo est à 25 kilomètres de Biarritz, au pied des montagnes, sur un superbe plateau qui domine la Nive, aux sinuosités si pittoresques.

Elle possède deux sources d'eau, l'une ferrugineuse et l'autre sulfureuse. Un grand établissement les réunit.

VILLAGE D'ITXASSOU ET LE PAS-DE-ROLAND.

Cambo, il y a soixante ans, était encore ignoré, comme une foule de petites cités pyrénéennes.

Outre un établissement thermal de premier ordre, cette localité possède de bons hôtels recommandables en tous points.

Une ligne de chemin de fer relie Cambo à Bayonne et suit les bords de la Nive.

Nous conseillons vivement aux touristes de ne point quitter Cambo sans aller visiter le Pas-de-Roland et les grottes d'Isturch.

Si l'on veut voir le Pas-de-Roland, rocher fendu, dit la légende, par un coup d'épée du célèbre paladin, il faut faire la route à pied, en partant du village d'Itxassou et suivre pendant environ une heure le chemin qui longe la rive gauche de la Nive.

Après le Pas-de-Roland, le mont Hartza ; sur ses flancs le Jardin d'Enfer donne son nom à une plante rare qui ne pousse que là ; à sept kilomètres, la frontière espagnole.

L'air vif des montagnes vous ayant mis en appétit, vous déjeunez à l'hôtel du Pas-de-Roland qui se trouve avant Itxassou, où l'on savoure de la bonne garbure et des truites délicieuses, arrosées d'un petit vin renommé dans le pays basque, et connu sous le nom de vin d'Irouléguy.

Cette excursion est une des plus pittoresques et des plus accidentées que l'on puisse rêver.

———

3.

LES VOIX DE LA NIVE

Gazouillis d'oiseaux, susurrements d'insectes, rumeurs indéfinissables de la nature, autour de nous, tout a cessé... Dans l'espace, les nuées se hâtent comme à la poursuite de quelque insaississable rêve, affectant des formes de tourelles, de bêtes apocalyptiques.

Au bas du roc où je somnole, en petites vagues métalliques réfléchissant le tumulte des nues, la Nive, qui bouillonne, hurle et râle comme un fauve à l'agonie...

Pour l'oreille accoutumée à ces formidables concerts, tout une symphonie incomparable se dégage. En modulations étrangement harmonieuses, le flot gémit, doux et tentateur comme une voix de sirène inassouvie, ou rauque comme un cri de fille! Tantôt grondant dans ses heurts comme la voix d'un Prométhée, vibrante, cuivrée comme un son de trompe, évoquant l'idée de chasses lointaines par delà les lointains horizons, la Nive roule tumultueuse ; avec les palpitations amoureuses d'une mandoline plaintive comme un fifre, mélancolique ainsi qu'un chant de pastour ou une clameur d'abandonnée, elle fuit comme un songe.

Aux arbres séculaires, penchés sur son onde, elle raconte les splendides épopées de leurs aïeux. Grisés par cette harmonie sauvage, hypnotisés par ces fulgurations semblables aux reluis des cuirasses d'une armée en marche, certains trop proches de la berge, se laissant choir à la dérive, tandis que le flot sonore comme la voix des foules, ou discordant comme jadis le cri des barbares au pillage, les emporte furieusement. Toute une nuit, la Nive pleure, mugit et gronde. Mais, avec le jour, le mirage cesse, le torrent redevient austère et pudique, réservant pour d'autres nuits ses plaintes évocatrices.

MAX BUGNICOURT.

SAINT-JEAN-DE-LUZ

A 20 kilomètres de Biarritz est Saint-Jean-de-Luz.

Le chemin de fer et la route nationale mettent en communication ces deux villes. En raison de la beauté des sites, nous engageons le touriste à suivre de préférence la route nationale.

Nous lui recommandons de faire une halte à Guétharry, véritable nid de maisonnettes blanches où certaines familles prennent chaque année des bains de mer, à cause du prix modéré des locations.

Elle est séparée de Saint-Jean-de-Luz par une distance de quatre kilomètres. Saint-Jean-de-Luz, elle aussi, a eu, sa splendeur comme Biarritz, au temps où la population de l'une et de l'autre était composée de pêcheurs de baleine.

Saint-Jean-de-Luz, ville de bains, possède sa plage et son établissement.

Cette originale petite cité a aussi ses annales historiques. Elle reçut le roi Louis XI, et c'est en ses murs qu'en 1660 Louis XIV et l'infante Marie-Thérèse d'Espagne furent unis par les liens du mariage.

L'acte rédigé est mis sous les yeux de ceux

qui désirent en prendre connaissance. L'église

AU PAYS BASQUE.

est un chef-d'œuvre; on ne saurait donc manquer de la visiter.

De belles collines et de hautes montagnes rendent fière, à juste titre, cette ville, et c'est à bon droit qu'elle fait l'admiration de tous les étrangers.

Pour l'ascension de la Rhune, les touristes trouveront facilement des guides à Saint-Jean-de-Luz ou à Ascain. Cette excursion ne présente aucun danger et se fait en trois heures.

L'horizon que l'on embrasse du haut de la montagne est sans égal.

———

HENDAYE, FONTARABIE, BÉHOBIE
L'ILE DES FAISANS

Vous pouvez aussi, comme la fois précédente, faire cette promenade, soit en chemin de fer, soit en voiture.

Mais, afin de mieux profiter de la journée, nous recommandons plus spécialement ce dernier mode de locomotion.

Le départ s'effectue par le cours de la Gare jusqu'à la Négresse.

Vous prenez ensuite la route d'Espagne par les plateaux de Bidart, Guétharry, Saint-Jean-de-Luz et Urrugue, soit, jusqu'à cette dernière localité, une distance de 26 kilomètres. Urrugue est située dans une des plus charmantes vallées du pays; Béhobie, première étape de notre promenade, est à deux pas d'Urrugue, sur les bords de la Bidassoa : elle est la dernière localité de la frontière française.

La Bidassoa forme en cet endroit différents petits îlots, et parmi eux la petite île des Faisans.

C'est précisément en cet endroit neutre, que les conclusions du mariage de Louis XIV furent arrêtées. Un monument en pierre de taille rappelle ce fait historique,

On se rend ensuite de Béhobie à Hendaye en suivant les bords de la Bidassoa, par un chemin bien entretenu.

Hendaye possède une belle plage et ses établissements bal-néaires sont bien tenus. L'endroit est inté-ressant à cause des beaux coteaux qui l'en-vironnent et du flux et du reflux de la mer très sensible sur la Bidassoa. Nous de-vons ajouter à cette occasion qu'il est pru-dent de ne traverser la Bidassoa, pour se rendre (à Irun ou à Fontarabie), qu'à la marée montante, sous peine de faire de grands détours pour éviter les bancs de sable.

FONTARABIE. — LE CLOCHER.

Fontarabie, ville frontière, espagnole d'origine basque, dont la population est de 3ooo habitants environ, mé-rite l'attention du touriste.

Il faut visiter l'église où le style Renaissance

se mélange au gothique. L'autel de cette église, comme sculpture, mérite d'être vu avec soin ainsi que le château, dont l'architecture remonte au XVIᵉ siècle. Il y a lieu aussi d'examiner les quelques belles constructions anciennes de cette place, notamment la grande porte d'Espagne.

Un phare à feu fixe est établi au cap Figuier. Sa vue s'étend jusqu'à Biarritz.

Visiter aussi le couvent de Notre-Dame de Guadalupe, sur le Jasquivel.

Ce couvent est au sommet de ce mont, c'est-à-dire à environ 700 mètres d'altitude. Le panorama en est merveilleux.

Irun, sur la rive gauche de la Bidassoa, n'a de remarquable que son église, type d'architecture religieuse de la Renaissance.

Cette excursion, ainsi que vous le voyez, est une des plus laborieuses.

On rentre à Biarritz par la route nationale ou par la voie ferrée, au gré des touristes.

SAINT-SÉBASTIEN

Une promenade ravissante et pittoresque que doit faire l'étranger en venant à Biarritz, c'est le voyage de Saint-Sébastien par la voie ferrée. On peut y passer un jour et le voyage ne coûte qu'environ cinq francs pour les petites bourses.

Par une voiture de louage ou par l'omnibus vous vous faites conduire à la gare de la Négresse et à neuf heures du matin (l'heure varie suivant les saisons) vous prenez le train d'Espagne. Après avoir successivement passé les stations de Bidart, Guétharry, Saint-Jean-de-Luz, devant vos yeux se déroulent de délicieux panoramas, au bord de la mer, non loin de vous.

Vient ensuite Hendaye, dernière station française sur la frontière. Quatre cents mètres après la gare d'Hendaye, le chemin de fer s'engage sur un pont international de 140 mètres de long, jeté sur la Bidassoa. A droite, on aperçoit Fontarabie, avec ses maisons gris sombre et son clocher majestueux.

A Irun, on laisse le train français pour prendre le train espagnol. Le paysage devient alors plus sauvage, le chemin de fer traverse une série de tranchées à travers les collines reliant la base du mont Aya au Jasquivel. Il passe sous le tunnel de Gainchusquéta et traverse les villes de Renteria et Passages.

La baie de Passages, que l'on peut visiter, est, dit-on, la plus sûre des côtes du golfe de Gascogne.

Une ligne de tramway relie cette ville à Saint-Sébastien. Ce dernier voyage s'effectue en un quart d'heure.

Enfin on arrive à Saint-Sébastien.

Vous n'ignorez pas que cette place fut occupée par les troupes françaises en 1813 ; elle fut aussi assiégée et mise au pillage par l'armée anglo-portugaise à la même époque.

Les curiosités de Saint-Sébastien sont les églises, les couvents, la plage, la citadelle, le casino et le théâtre.

A mi-chemin de la citadelle se trouvent, parmi les rochers, les tombeaux des officiers anglais morts en 1836 pour défendre la cité contre les carlistes.

Nous recommandons son arène, très fréquentée au mois d'août par les amateurs de tauromachie. Ce spectacle est inoubliable et grandiose.

Le soir même, on a toute facilité pour rentrer à Biarritz, par le train de neuf heures.

Une journée vous suffit pour visiter Saint-Sébastien.

G. OUVRARD.

LES MANDOLINES

Minuit mire la lune en le lac des gondoles,
Et les rameurs qui vont vers le lit des époux
Ont leurs barques d'amour, ceintes de girandoles.
Et leurs yeux noirs, au loin, font luire des yeux doux.

Minuit passe en les cieux tendus de mousselines.
L'heure est douce, propice et douce au rendez-vous,
Et, sur les balcons, les princesses lazulines
Rêvent dans les jadis, de pages et de fous!

Mais quand les amants, des nocturnes farandoles,
Ceignent de blancs rayons et de fleurs leurs idoles,
O reine, moi je prie et je pleure en la nuit!

Oui, je t'implore, et les étoiles sont câlines.
Pour toi seule, et pour toi seule les mandolines,
Et pour toi seule, seul, je vis et meurs d'ennui!

LÉON ESCALUS.

LE CASINO

Le Casino de Biarritz est la réunion de tout le monde élégant des colonies : russe, française, espagnole.

Les salons sont grandioses et d'un confortable merveilleux : il y a salon de lecture, salon de danses, de jeux divers, enfin, un cercle.

Cet établissement, bâti par M. de Montfort, fut brûlé en 1889 et a été reconstruit par M. E. Catelain.

Tous les jours, durant la saison d'été, l'après-midi et le soir, un orchestre se fait entendre sur la terrasse vitrée sous la direction de M. A. Steck.

Deux fois par semaine également, l'orchestre du Casino se fait entendre place Sainte-Eugénie, le jeudi et le dimanche, de huit heures et demie à dix heures.

TIR AUX PIGEONS

Sur le plateau du Phare se trouve un Tir aux pigeons, des mieux organisés, sous la direction de M. Casterès, armurier de Bayonne. Là se réunit la haute société espagnole, anglaise, américaine, russe et française. Des poules et des matchs sont journellement disputés durant la saison.

COURSES DE CHEVAUX

Au plus fort de la saison, fin septembre, ont lieu des courses de chevaux à l'hippodrome de la Barre, courses données par la Société d'encouragement de Bayonne-Biarritz.

SAISON D'HIVER

La saison d'hiver, à Biarritz, dure du mois de novembre au mois de mai.

A cette époque, les Anglais viennent en grand nombre y habiter plusieurs mois.

On remarque que, d'année en année, la colonie anglaise devient plus nombreuse. Elle a à Biarritz son temple réservé, un Lawn-Tennis et un cercle, le British-Club, dont la pierre fondamentale a été posée par Son Altesse Royale le duc de Connaught.

Sur le plateau du Phare se tient le *Golf*, nouveau jeu, aimé et très suivi par la colonie anglaise.

Le Lawn-Tennis est placé au champ Lacombe, en face de la chapelle des Dominicains, près de la Halle. M. Jelf en est le directeur.

Tout l'hiver, deux fois par semaine, une chasse au renard est organisée régulièrement par la colonie anglaise; les dames suivent assi-

dûment ces chasses, qui sont des plus mouve-
mentées.

Durant l'hiver, des soirées très brillantes se
succèdent dans les meilleures familles anglaises.

G. Ouvrard.

LE BRITISH-CLUB OU CERCLE ANGLAIS

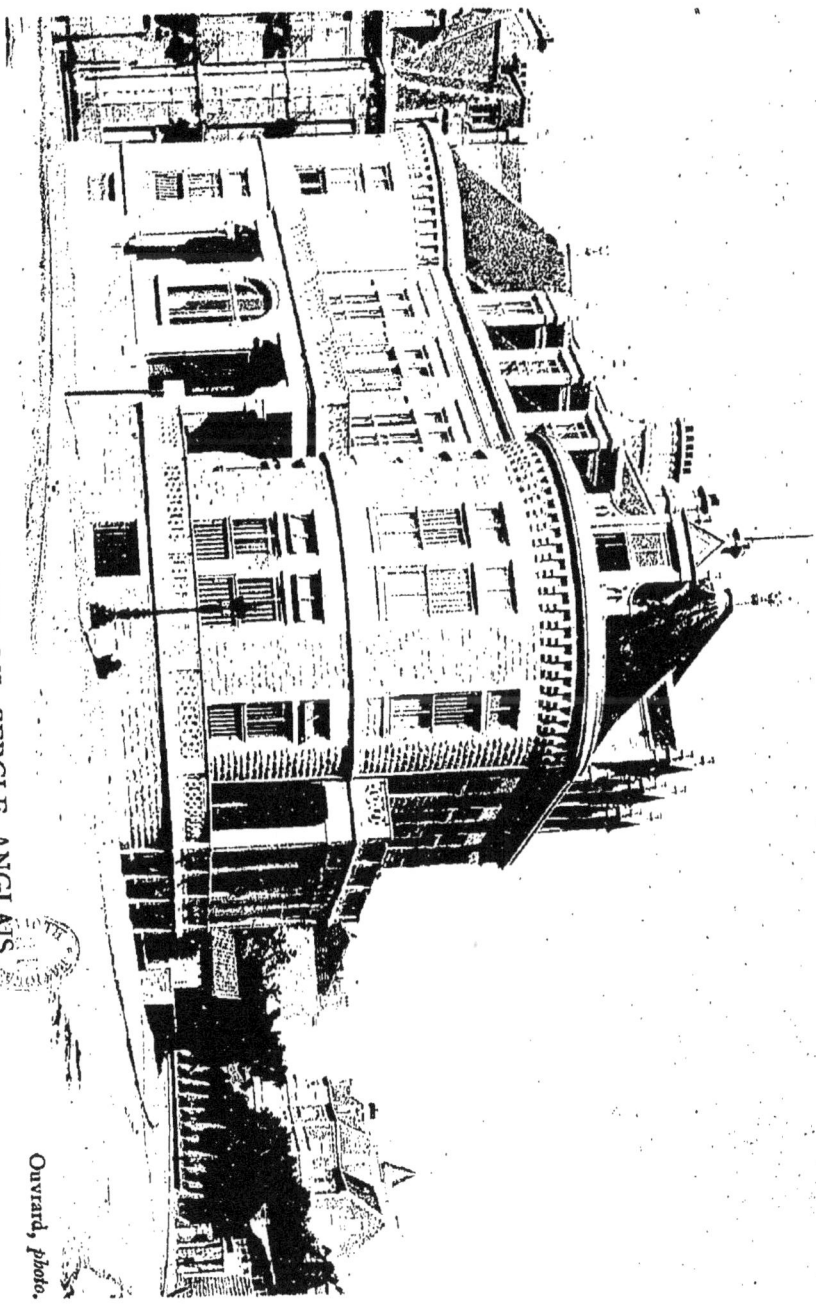

Ouvrard, photo.

Organisation Municipale

ET LISTE OFFICIELLE

DES

NÉGOCIANTS & INDUSTRIELS

DE LA

Ville de Biarritz

ORGANISATION MUNICIPALE

MAIRIE

Maire : M. le docteur Augey, cité Broquedis.
Premier adjoint : M. Forsans, ingénieur civil, place du Marché.
Deuxième adjoint : M. Moureu, pharmacien, place de la Mairie.

Conseillers municipaux.

MM.
Augey.	Woelfflé.	Rongau.
Moureu.	Crouxet.	Hamel.
Dalbarade.	Etchebéhère.	Baylion.
Gassiau.	Legrand.	Morin.
Lacour.	Campagne.	David.
Forsans.	Pierson.	Verrier.
Peyta.	Lansalot.	Garay.
Gommès.	Belloc.	

Les bureaux de la Mairie sont ouverts tous les jours non fériés de 9 heures à midi ; le soir, de 2 heures à 6 heures.

Les jours fériés et les dimanches, les déclarations concernant l'état civil sont reçues de 10 heures à midi.

SERVICES MUNICIPAUX

PERSONNEL

Mairie.

Secrétaire de la mairie : M. Sadargues.
État civil : M. Marmouyet.

Employé : M. Pardeilhan.
Bureau des renseignements : M. Villedary.

Voirie et Travaux.

Architecte-Voyer : M. Claverie.
Dessinateur : M. Dubourg.
Employé : M. Durruty.

Octroi et plaçage.

Préposé en chef : M. Noël.
Contrôleur : M. Guillot.
Brigadier : M. Dubois.
Sous-brigadier : M. Lassalle.
Six receveurs, dix préposés.

Police.

Commissaire de police : M. Favas.
Brigadier : M. Geniès.
Sous-brigadier : M. Duhart.
Garde-champêtre : M. Bourtayre.
Dix agents de police.

Bureau de bienfaisance.

Président : M. le docteur Augey, maire.
Vice-président : M. Campagne.
Ordonnateur : M. Sarraille,
Membres : MM. Vivié, Verrier, Baylion.
Receveur : M. Desroys du Roure, percepteur.

Perception et recette municipale.

Percepteur-receveur : M. Desroys du Roure, rue
Peyreloubilh.
Bureau ouvert les mardi et vendredi de 9 heures à
midi et de 2 heures à 5 heures du soir.

Sapeurs-pompiers.

Lieutenant-commandant : M. Etchebéhère, entrepreneur, chemin des Champs.

Sous-lieutenant : M. Jaymes, maître charpentier, quartier Neuf.

Trois sous-officiers, quatre caporaux, un tambour, un clairon, trente-sept sapeurs.

(Les dépôts du matériel d'incendie composé de cinq pompes, dont une à vapeur, sont situés rue de l'Industrie et à la Halle au Marché. L'Hôtel d'Angleterre possède une pompe à incendie, qu'il met à la disposition de la compagnie.)

CONTRIBUTIONS

Contributions directes.

Contrôleur : M. Saboya, 16, quai Galuperie, Bayonne.

Contributions indirectes.

Receveur : M. Miquel, rue des Chantiers.
Commis principal : M. Fourcade, rue de l'Ouest.

Douanes.

Receveur : M. Goyeneix, quartier de la Négresse.
Brigadier : M. Cassoulet, quartier de la Négresse.
— : M. Bucau, poste du Sémaphore.

Enregistrement et Timbre.

Receveur : M. Sarrazy, rue des Cordeliers à Bayonne.
— M. Lafore, rue Victor-Hugo à Bayonne.

Papiers timbrés et timbres.

Débitant : Mme Vve Lahite, place de la Liberté (Bureau de tabac).

Recettes buralistes.

Receveur : M. Guichon, cours de la Gare.
— M. Lacassy, rue de l'Ouest.

Tabacs.

Demoiselle Halty , place de la Mairie.
Demoiselle Gramont, rue Mazagran.
Veuve Lahite, place de la Liberté.
Dame Destandau, rue de France.
Cazenave, rue Gambetta.
Bapsères, rue d'Espagne.
Cazaux, quartier de l'Église.
Veuve Labat, quartier de la Négresse.
Jaymes, quartier Neuf.

CULTES

Culte catholique.

Église paroissiale Saint-Martin. Curé : l'abbé Cazaux.
Chapelle Sainte-Eugénie. Vicaires : MM. Larre,
Harispe, Belsa.

Culte protestant.

Temple, rue Peyreloubilh. M. le Pasteur protestant
de Bayonne.
English Church, rue Cité Broquedis. M. Brood, ministre anglais.

Culte orthodoxe grec.

Chapelle Russe, avenue du Palais. M. le Révérend
Père Hérodien.

INSTRUCTION PUBLIQUE

Écoles communales de garçons.

Rue de France.
M. Hum-Sentrué, directeur. Trois adjoints.

Rue des Écoles.

M. Ponsolle, directeur. Trois adjoints.

Quartier de la Négresse.

M. Suberbielle, instituteur.

Écoles communales de filles.

Rue de France.

Mlle Champsaur, directrice. Deux adjointes.

Chemin des Champs.

Mlle Pucheü (congréganiste). Trois adjointes.

Quartier de la Négresse.

Mlle X***.

Écoles libres.

Institution dirigée par M. Peyrou, rue Loustan.
Institution dirigée par M. Dupau, rue des Cent-Gardes.
Institution dirigée par M. Milhau (congréganiste), chemin des Champs.
Institution dirigée par les Dames de Lorette (congréganistes), rue Croix-des-Champs.
Institution dirigée par Mlle Debuc, rue des Basques.
Institution dirigée par Mlle Garremendy, rue de la Fontaine.

Asile de vieillards.

Les Petites Sœurs des pauvres, Vieille Route de Bayonne.

Ouvroir et crèche de Saint-Vincent-de-Paul.

Les sœurs de l'ordre de Saint-Vincent-de-Paul, rue Gambetta et rue des Basques.

JOURNAUX

Le Progrès de Biarritz, directeur-gérant : M. Bayhon, cours de la Gare.
Le Petit Courrier de Biarritz, directeur : M. Lamaignère, rue du Château.

SERVICES DIVERS

Caisse d'épargne.

Sous-caissier : M. Figuié. La caisse est ouverte à la mairie de dix heures à midi.

Postes et télégraphes.

Receveur : M. Lalande. Bureau, place de la Halle.

Services.

Première distribution : sept heures du matin.
Deuxième   —   : midi.
Troisième   —   : deux heures.
Quatrième   —   : sept heures du soir.
Les bureaux sont ouverts de 7 heures du matin à 9 heures du soir. Des boîtes aux lettres sont établies : à la Mairie, en face le British-Club, quartier du Gaz ; quartier Neuf ; quartier de l'Église ; rue d'Espagne.
Le personnel des postes et télégraphes comprend quinze employés.

Compagnie des eaux.

Concessionnaire : M. Hézard, ingénieur civil.

Compagnie du gaz.

Directeur : M. Delaroche, quartier du Gaz.
(La Compagnie du gaz est tenue de fournir, à partir de 1893, l'éclairage électrique.)

Service maritime.

Syndic des gens de mer : M. Dastéguy ✳.

Service des chemins de fer.

Chemins de fer de la Compagnie du Midi.
Gare : La Négresse, à 2 kilomètres de Biarritz. Départs et arrivés des Trains : Voir Catalogue.

Ligne d'intérêt local de Bayonne : Anglet-Biarritz. Trajet en 15 minutes.

Gare : au centre de la ville, place de la Liberté. Départ toutes les demi-heures.

Tramway à vapeur de Bayonne à Biarritz.

Trajet en 35 minutes.

Station Terminus à Biarritz : route Nationale, en face la Villa Désirée. Départ toutes les demi-heures.

Vice-consulat d'Angleterre.

M. Bellairs, vice-consul, place de la Liberté.

Service médical.

MM. le docteur Adéma, rue Gambetta.
—   Augey, rue Cité Broquedis, villa Éva.
—   Élévy, rue de France.
—   Giboteau, place de la Liberté.
—   Gutierrez, avenue de Londres.
—   Laborde, rue Gambetta.
—   Mackew, place de la Mairie.
—   Malpas, cité Broquedis.
—   Toussaint, rue Gambetta.

Consultations de 2 à 4 heures.

Chirurgiens-dentistes.

MM. le docteur Edwards, rue Cité Broquedis.
—   Peake, place de la Mairie.
—   Védrennes, place de la Liberté.

Sages-femmes.

Mme Cinqualbres, rue Duler.
Mlle Housset, rue Duler.
—   Labeguerie, rue de France.
—   Labourdette, rue des Chantiers.

Pharmaciens.

MM. Moureu, place de la Mairie.
        Moussempès, place Sainte-Eugénie.

MM. Bignon, rue Mazagran.
Gonzalez, place de la Liberté.

Vétérinaire.

M. Bignon, rue de France,

SOCIÉTÉS DIVERSES

Gymnastique.

M. Dain, professeur, rue du Manège.

Escrime.

M. Gauchet, professeur, Hôtel de France.

Secours mutuels.

La Bienfaisance mutuelle. Président : M. E. Labat.
La Saint-Martin. Président : M. Paul Laborde.
Les Ouvriers réunis. Président : M. Etchebéhère.

Cercles.

British-Club, avenue du Palais.
L'Union, place de la Liberté.
L'Espérance, rue Mazagran.
Cercle du Casino, place Bellevue.

Golf-Club.

Le Golf-Club, qui ne comprend pas moins de 200 membres, est situé sur le beau plateau du Phare.

Lawn-Tennis.

Le Lawn-Tennis est situé au centre de la ville, rue Champ-Lacombe.

Chasse au renard.

Président : M. Ardoin. Cette société prend ses rendez-vous du 15 octobre au 30 avril.

Tir aux pigeons.

Directeur : M. Castérès, arquebusier. Le Tir aux pigeons est établi sur le plateau du Phare. Il est ouvert du 1er août au 31 octobre.

Comité des fêtes.

Président : M. Forsans, adjoint au maire.
Trésorier : M. Védrenne, chirurgien-dentiste.
Ce comité se compose de 23 membres. L'éloge de ce comité, pour l'organisation et la réussite des nombreuses et brillantes fêtes qu'il donne chaque année, n'est plus à faire.

Véloce-Club Bayonne-Biarritz.

Président : M. Elisseiry, rue Guilhamin, Bayonne.
Secrétaire : M. Claverie, chalet Dexine, Biarritz.
Trésorier : M. Broca, place du Marché, Bayonne.
Membres : 180.

———

5.

LISTE OFFICIELLE

DES

NÉGOCIANTS ET INDUSTRIELS

DE LA

VILLE DE BIARRITZ

Accordeur de pianos.

M. Limonaire, rue Simon-Etcheverry, 8.

Afficheurs.

Les agents de la police municipale de Biarritz.

Agents de location.

Benquet, libraire, place de la Mairie.
Delvaille (Paul), escompteur, place de la Liberté.
Tisset (Gaston), rue Champ-Lacombe.

Antiquités. — Curiosités. — Objets d'art.
Maroquinerie.

Discazeaux (J.-B.), place de la Mairie, 2.
Guesnu (Charles), place de la Liberté, 9.
Dame Lozano, rue Mazagran, 2.
Laugier (Jean), rue Mazagran, 1.
Ribis (Pierre), rue Mazagran, 5.
Gethen (Alfred), rue Mazagran, 14.
Veuve Baillet, rue Mazagran, 18.
Acher (Joseph), rue Mazagran, 27.
Charles (Marguerite), rue Mazagran, 29.

Architectes.

Tisnès (Oscar), avenue de Goncer.
Louis (Pierre), rue Neuve, 7.
Huguenin (Gustave), rue de l'École, 12.
Paris, rue Leroy, maison Larebat.

Armurier.

Castérès (directeur du Tir aux pigeons), place de la Mairie.

Aubergistes.

Baylac (Léontine), rue du Gaz.
Veuve Garisoain, rue du Gaz.
Bonnecaze-Lizery, rue des Cent-Gardes.
Burgurieu, rue de l'Industrie.
Laharanne, rue de France, 17.
Veuve Mialet, rue de Frias, 2.
Esténoz (Bénito), rue de l'Imprimerie, 6.
Burium (Dionisio), rue de la Cité, 4.
Duhau (Marie), rue de France, 21.
Bouesse (Jean), rue de France, 59.
Larrouy (Joseph), quartier Chélitz.
Martinez (Zacharias), quartier Chélitz.
Cabalé (Cyprien), cité Monhau.
Dalbarade (Jean-Baptiste), rue de la Maison-Suisse.
Suhas (Bernard), rue Olivier, 21.
Iriarté (Francisco), rue Olivier, 2.
Garisoain (Francisco), cours de la Gare, 1.
Veuve Lafourcade, cours de la Gare, près l'église.
Aguerregaray (Charles), cours de la Gare, près l'église.
Cazaux (Dominique), cours de la Gare, près l'église.
Auberge de la Terrasse, cours de la Gare, 2.
Gorostiague (Félix), chemin des Champs, 21.
Veuve Bidegaray, rue Croix-des-Champs, 2.
Pascouau (Pierre), rue Cité Broquedis, 6.
Salles (Pierre), place de la Halle.
Chimènes (Camille), rue Vauréal, 10.
Barrère (Charles), rue Gambetta, 13.

Dalbarade (Achille), rue Gambetta, 27.
Carrère (Noël), rue Gambetta, 32.
Baylion (Arthur), rue d'Espagne, 19 *bis*.
Veuve Guilhou, rue de la Fontaine-Bouillante.
Veuve Sarrebeyroux, quartier Beaurivage.
Hontas (Jean), quartier Beaurivage.
Azcona (Simon), rue des Basques, 20.
Dame Baudorre, rue Neuve, 3.
Hitze-Hilaire, quartier de la Négresse.
Granier, La Négresse.
Laussucq, La Négresse.
Puyo (Mélanie) à Capdepont-La Négresse.
Pinaqui (Clarisse), à Salon.
Jaymes (Joseph), quartier Neuf.

Bains chauds.

Veuve Darricarrère, Grande-Plage.
Veuve Larrebat, place du Port-Vieux, 2.
Dain, rue du Manège.

Banquier.

Bellairs (Edmond), place de la Liberté, 13.

Bijoutiers-horlogers.

Sensat (Barthélemy), place de la Liberté, 2.
Pradet (Bernard), Safontas, rue Mazagran, 1.
Morgand (Edgard), rue Mazagran, 11.

Beurre et fromages.

Hausséguy (Jean-Baptiste), Halle au marché.
Bidegaray (Jeanne-Marie), Halle au marché.
Buette (Léon), Halle au marché.
Bonney (Charles), Halle au marché.
Stékel (Marie), Halle au marché.

Bimbeloteries et porcelaines.

Claverie (Grand Bazar), rue Gambetta, 13.

Dussaut (Dorothée), rue Gambetta, 1 bis.
Moussempès (Marie), rue des Chantiers, 4.

Bois de chauffage, charbon de bois, houille, etc.

Etcheverry (Pierre), route de Bayonne, 5.
Moussempès (Marie), rue des Chantiers, 4.
Guilliard (Pierre), rue Duler, 11.
Fourneau (Jean-Baptiste), rue Gambetta, 1.
Berhouet (Jean), rue Gambetta, 10.
Despouy (Philippe), rue d'Espagne, 1.

Bois de construction.

Etchebéhère (Jeanty), chemin des Champs.
Lacour (Arnaud), rue d'Espagne, 45.

Boissons gazeuses.

Belloc (Justin), place Bellevue.
Touzaa (Pierre), rue de France, 39.
Taillarda, rue Bon-Air.

Boucheries.

Austruit (Jean-Baptiste), rue de France, 13, et Halle.
Comat (Frédéric), rue de France, 10, et Halle.
Bidart-Lafargue, place de la Mairie et Halle.
Sallaberry (Henri), à la Halle.
Laulanné (Jules), rue Gambetta, 3, et Halle.
Bourg (Jean), rue d'Espagne, 26, et Halle.
Février (Élie), quartier Beaurivage et Halle.
Anselme (Célestin), rue Peyreloubilh et Halle.

Boulangeries.

Lamoureu-Laulhé, rue de France, 27.
Lasserre (Étienne), rue de France, 47.
Cassiau (Justin), rue Simon-Etcheverry, 2.
Veuve Latuile, rue Champ-Lacombe, 3.
Romain (François), rue de l'École, 5.

Guilhou (Ferdinand), rue Gambetta, 13.
Fourneau (Pierre), rue Gambetta, 23.
Montestruc (Auguste), rue Gambetta, 50.
Labat (Justin), rue d'Espagne, 43.
Veuve Launet, rue Mazagran, 31.
Daverat (Auguste), La Négresse.

Bourreliers-selliers. — Carrossiers. — Charrons et
peintres en voitures,

Destribats (Jules), route de Bayonne, 7.
Ducassou (Louis), place de la Mairie.
Lartigue (Albert), quartier Chélitz.
Castéran (Jules), cité Broquedis.
Daraspe, cité Broquedis.
Tourès (Ferdinand), rue Champ-Lacombe, 5.
Dufau (Théodore), rue Champ-Lacombe, 7.

Briques et poteries,

Moussempès (Auguste), rue des Chantiers et La Négresse.
Lafite (François), quartier Beaurivage.
Lafargue (Jean), à Croc-La Négresse.
Bortayre (François), à Borde-Majesc-La Négresse.
Ithurbide (Jean), à Sorhandou.
Darricarrère (Auguste), quartier Beaurivage.

Broderies et dentelles,

Canut (Joseph), rue Mazagran, 3 *bis.*
Fried (Louis), rue Mazagran, 15.
Dame Astau, rue Mazagran, 25.
Laurent (Antoine), rue Mazagran, 32.
Sarniguet (Jeanne), rue Mazagran, 32.

Cafetiers-limonadiers,

Veuve Arnouil (Édouard), place de la Mairie, 14.
Barbé (Louis), place de la Mairie, 28.
Boulant (Louis-Alfred), place Bellevue, 3.

Belloc (Justin), place Bellevue, 5.
Lalanne (Antoine), rue de France, 11.
Veuve Bancon, rue de France, 15.
Mathieu (Félicie), rue Olivier, 4.
Vispaly fils, cours de la Gare, 5.

Changeurs de monnaies.

Delvaille Paul, place de la Mairie, 14.
Sommer, place de la Mairie, 5.

Chapelier.

Lazorthe (Martin), rue Mazagran.

Charcutiers.

Castéra (Pierre), rue de France, 45.
Veuve Botou et fils, rue Gambetta, 5.
Sein (Jacques-Justin), rue Gambetta, 13.
Chagneaud (Henri), rue Gambetta, 28.

Charpentiers.

Michéléna (Paul), rue Loustau, 13.
Dubarbier (Justin), rue Vauréal, 6.
Durrutuy (Jean-Baptiste), rue d'Espagne, 9.
Duclos (Pierre), rue Neuve, 6.

Chaudronniers.

Dupuy (Jacques), rue Peyreloubilh.
Dilhan, rue d'Espagne, 6.

Chaussures (Marchands de).

Rongau (François), avenue d'Osuna et place de la Mairie.
Daguerressar (Martin), avenue de Londres, 1, et rue Gambetta, 16,
Veuve Tauzin, rue Gambetta, 3.

Cigoyenetche (Pierre), rue Gambetta, 7.
Lavergne (Jean-Pierre), avenue Carnot, 1.
Lacadée (Martin), rue Mazagran, 17.
Lacadée (Pierre), rue Mazagran, 7.
Doyhénard (Justin), rue Mazagran, 22.

Chevaux (Pension de).

Bignon (Michel), vétérinaire, rue de France, 5.

Chevaux (Loueur de). — Manège.

Langot (au Manège), cours de la Gare.

Chocolat (Fabricants et marchands).

Fagalde (Pierre), place de la Mairie.
Dominique, place de la Mairie.
Laborde (Marie), rue Gambetta, 13.

Ciment (Entrepositaire de).

Naïer (Pierre), quartier du Gaz.

Coiffeurs-parfumeurs.

Veuve Corbeau, place de la Mairie, 9.
Discazeaux (Jean-Baptiste), place de la Mairie, 2.
Dauga (Vincent), place de la Liberté, 3.
Arza (Jean-Batiste), cours de la Gare, 3.
Mimiague (Jean-Baptiste), place de la Mairie, 15.
Pommiès (Prosper), rue de France, 8.

Commissionnaires de transport.

Larroudé (Alexandre), place de la Mairie, 23.
Bastrot (Bernard), rue d'Espagne, 60.
Carvailho (Louis), rue d'Espagne, 60.

Couvreurs. — Plombiers. — Zingueurs. — Serruriers.

Dussaut (Auguste), avenue d'Osuna.

Héguy (Bertrand), rue Cité Gardagne, 7.
Simon (Yves), rue Cité Gardagne, 6.
Quedeville (Auguste), rue de France, 21.
Lafont (Jean), rue Vauréal, 6.
Gastambide (Germain), rue d'Espagne, 3.

Détacheurs-teinturiers.

Angé (Paul), rue de Frias, 2.
Danos (Gustave), rue Mazagran, 7.
Cazalis (Henri), rue Mazagran, 10.

Doreurs. — Encadreurs. — Graveurs sur métaux.

Berrogain (Léon), place de la Liberté, 2.
Zuloaga (Placide), rue Mazagran, 10.
Blanqui (Placide), rue Mazagran, 12.
Pascual (Antonio), rue Mazagran, 22.
Billoud (Gaston), rue Mazagran, 28.

Draperies-Nouveautés.

Conrié (Pierre), place de la Mairie, 8.
Bernard (Francisco), place de la Liberté, 2.
Veuve Bacqué, rue Gambetta, 1.
Maniort (Auguste), rue Gambetta, 3.
Calvet (Victor), rue Gambetta, 3-9.
Veuve Morlanne, rue Gambetta, 32.
Florent, rue du Port-Vieux.

Droguistes.

Lousteau (Roch), rue de France, 17.
Mestelan (Albert), rue Gambetta, 50.

Ébéniste.

Barrère (Ernest), rue Leroy, 11.

Électricien.

Mestelan (Albert), rue Gambetta, 50.

Entrepreneurs de travaux publics.

Naïer (Pierre), quartier du Gaz.
Labourdique (Jean), rue du Château, 4.
Bourtayre (Jean-Adam), rue de l'Industrie, 8.
Bégué (Jean-Baptiste), rue de France, 10.
Veuve Louis Moussempès, rue des Chantiers.
Mathiès (Louis), rue Cité Monhau.
Sarrebeyroux (Barthélemy), rue de la Maison-Suisse.
Lansalot (Paul), rue Olivier, 15.
Morin (Dominique), cours de la Gare, 4.
Etchebéhère (Jean), chemin des Champs, 29.
Camiade (Camille), rue de l'École, 15.
Cabannes (Jacques), rue de l'École, 32.
Etcheverry (Dominique), quartier Beaurivage.

Épiciers.

Diribarne (Jean), place de la Liberté, 1.
Uthurbide (Jean-Baptiste), place de la Liberté, 11.
Bourtayre (François), rue des Chantiers.
Demoiselle Sauvalle, rue du Gaz.
Veuve Gabironde, avenue d'Osuna, 12.
Marande (Antoine), rue de Frias, 1.
Lacadée (Paul), rue Bon-Air, 7.
Stievennard (Adolphe), rue de France, 24.
Dame Destandau, rue de France, 12.
Labarrère (Jean-Baptiste), quartier Chélitz.
Lapeyre (Jean-Baptiste), avenue de Londres, 9.
Hitze (Marie), rue Loustau, 1.
Dubarbier (Justin), rue Gambetta, 2.
Cazenave (Eugène), rue Gambetta, 25.
Vivié (Ferdinand), rue Gambetta, 16.
Dame Ponsolle, rue Gambetta, 42.
Larroudé (Alexandre), rue d'Espagne, 29.
Bapsères (Camille), rue d'Espagne, 31.
Lacour (Arnaud), rue d'Espagne, 45.
Elissalde (Théodore), avenue du Bois de Boulogne.
Damestoy (Amélie), rue Leroy, 5.
Veuve Hargouet, rue Leroy, 5.
Veuve Doyhamboure, rue Mazagran, 27.

Sarraille (François), rue Mazagran, 3o.
Léonard (Pierre), La Négresse.

Fleurs; couronnes, etc.

Gautier, place de la Mairie, 5.
Demoiselles Anabitarte, place de la Mairie, 5.
Pierson (Joseph), quartier de l'Église.
Fournier (Antoine), chemin des Champs, 19.
Gelos et Dufils, rue Gambetta, 3.

Fourrages et grains.

Maturana (Loréano), chemin des Champs.
Perrot (Édouard), quartier de l'Église.

Fruits, légumes, primeurs, oranges.

Madès (Dia José), rue de France, 21.
Desalis (Justin), rue de France, 12.
Ducamp (Jean), cité Camy.
Lalanne (Jean-Baptiste), rue d'Espagne.
Poith (Jean-Baptiste), rue Neuve, 5.
Bastéra (Fernandez), Halle au marché.
Dame Cerdan, Halle au marché.

Fumiste-poêlier.

Deschepper (Charles), cité Monhau.

Gaz (Appareils et ustensiles).

L'Usine à gaz de Biarritz, quartier du Gaz.

Glace (Dépôts de).

Glacière d'Anglet, route de Bayonne, dépôt cité Broquedis.

Graines (Marchand de).

Veuve Lafuste, rue Gambetta, 13.

Gymnastique

Dain (Alfred), rue du Manège.

Horticulteurs.

Pierson (Joseph), cours de la Gare.
Fournier (Antoine), chemin des Champs, 19.
Gautier (Joseph), quartier Beaurivage.
Pinon fils, quartier La Rochefoucauld.
Gelos et Dufils, quartier Beaurivage.

Hôteliers-restaurateurs.

Montenat (Charles), Grand-Hôtel, place de la Mairie, 13.
Campagne (Marcel), Hôtel d'Angleterre, rue Mazagran, 4.
Peyta (Barthélemy), Hôtel Continental, avenue du Palais.
Fourneau (Jeanty), Hôtel Victoria, avenue du Palais.
Catelain (Émile), place Bellevue, au Casino.
Couzain (Eugène), Hôtel des Princes, rue Gambetta.
Veuve Patou, Hôtel de Paris, place Sainte-Eugénie.
Fourneau fils, Hôtel de France, place de la Mairie.
Cazenave (Louis), Hôtel de l'Europe, place de la Liberté.
Lacapelle (Louis), Hôtel de Bayonne, rue Gambetta.
Bron (Félix), Hôtel Central, place de la Mairie.
Veuve Haran, place de la Mairie, 16.
Veuve Mazon, rue du Port-Vieux, 2.

Huîtres (Marchands d').

Veuve Lambert, place de la Mairie, 10.
Veuve Laborde, falaise Beaurivage.
Dame Assot, rue de la Maison-Suisse.
Dame Sallaberry, place de la Mairie.

Imprimeurs-typographes.

Lamaignère, rue du Château, 2.
Baylion (Arthur), rue Olivier, 14.

Lampisterie (Objets de).

Langle (Clément), rue Mazagran, 9.

Lavoir public à vapeur.

Saint-Martin, Lac Marion.

Librairies-papeteries.

Benquet (Victor), place de la Mairie, 3.
Maupin (Jules), rue Mazagran, 3.
Balmade (Jean-Baptiste), rue Mazagran, 25.
Hachette et Cie, gares B.-A.-B, et La Négresse.

Lisseuses et blanchisseuses.

Dame Daugas, avenue du Palais.
Veuve Bouesse, rue Cité-Gardagne, 7.
Dame Pagès Barthélémy, chemin Grammont.
Dame Hontas Martin, rue de la Maison-Suisse.
Dame Paparan, rue Olivier, 8.
Dame Quillet, cours de la Gare.
Doyhamboure (Ursuline), rue Simon-Etcheverry.
Dame Harismendy, rue de l'École, 3.
Lahouze (Marthe), rue de l'École, 9.
Dame Haritzalde, rue d'Espagne, 15.
Dame Duprat-Noël, rue des Falaises, 4.
Doyhamboure (Louise), rue d'Albarade, 3.
Lacouture (Catherine), rue Peyreloubille, 1.

Location des chaises des Plages.

Mozziconacci, aux Trois-Plages.

Machines à coudre.

Carbonnier, rue Mazagran.

Maisons de familles (Loueurs d'appartements meublés).

Duport (Clarisse), place de la Mairie, 13.
Barthalot (Jean), place de la Mairie, 10.
Discazaux, place de la Mairie, 2.
Veuve Gardères, Grande Plage, maison Monhau.
Fourneau Cyrille, Grande Plage, 2.
Dame Lefebvre, Grande Plage, 3.
Dame Rollando, Grande Plage, 5.
Dame Mesmin, Grande Plage, 6.
Veuve Gommès, Grande Plage, 7.
Aïtéon (maison Piron), Grande Plage, 8.
Gey (Joseph) (maison Cazaux), Grande Plage, 9.
Seners (Achille) (pavillon Henri IV), avenue du Palais.
Rébulet (Agnès), rue du Gaz.
Bellechasse (de), villa Salvador.
Ohaco (Raymond) (villa Anita), quartier du Gaz.
Ferrer y Gandia (villa Manuela), quartier du Gaz.
La Rochefoucauld (le comte de), château La Rochefoucauld.
Bustead (villa Eliada), quartier du Gaz.
Rodrigues (Auguste) (villa Sacha), quartier du Gaz.
Bellaigne (Antonin) (chalet des Rochers), quartier du Gaz.
Veuve Balavesque (chalet Saint-Hubert), quartier du Gaz.
Cougnard Léóto (villa Gaston), rue des Cent-Gardes.
Broquedis (Blanche) (villa Gardénia), route de Bayonne, 9.
Diu Mélina (villa Raymond), route de Bayonne, 11.
Santa-Maria (villa Inès), route de Bayonne.
Lacombe (Prosper (villa Clémence), route de Bayonne.
Gremnitz (Max) (villa des Tamaris), rue du Château.
Orossen (Jacques), rue du Château, 6.
Labourdique (villa Saint-Jean), rue du Château.

Lacombe (Antoine) (villa Lacombe), rue du Château.
Veuve Tastet, rue du Château.
O'Shea, rue du Château.
Labro (Honorine), avenue d'Osuna, 8.
Veuve Argentin, avenue d'Osuna, 10.
Dupiot, avenue d'Osuna, 14.
Veuve Fourneau (Jean-Baptiste), rue Cité Gardague, 3.
Fauthous (Jean-Baptiste), rue Cité Gardague, 3.
Héguy (Bertrand), rue Cité Gardague, 7.
Veuve Lafosse, rue Cité Gardague, 11.
Hitzelberger, rue Cité Gardague, 15.
Etcheverry (Julie), rue Cité Gardague, 2.
Dame Carrère , rue Cité Gardague, 16.
Veuve Lebrun, rue Cité Cardague, 16.
Dubois (Jean-Baptiste), rue de l'Industrie. 9.
Darroque (Hippolyte), rue de l'Industrie, 11.
Castets (Catherine), rue de l'Industrie, 2.
Darrambide (Philippe), rue de l'Industrie, 4.
Bourtayre (Jean-Adam), rue de l'Industrie, 8.
Lauga (Célestin), rue de Frias, 1.
Olhassarry (Elisabeth), rue de Frias, 5.
Lamay (Philippe), rue de Frias, 7.
Pordelanne (Gérard), rue de Frias, 2.
Roquejoffre (Joseph), rue de l'Imprimerie, 1.
Lachaise (Marie), rue de l'Imprimerie, 12.
Roquejoffre (Joseph), rue de la Cité, 7.
Veuve Loustalot, rue de la Cité, 11.
Hermann (James), château Hermann.
Pordelanne (Pascaline), rue Bon-Air, 1.
Pennes (Salvat), rue de France, 3.
Veuve Lérembourе, rue de France,
Veuve Lafosse, rue de France, 9.
Lalanne (Antoine), rue de France, 1.
Veuve Bancon, rue de France, 15.
Vergez (Irma), rue de France, 19.
Labat (Félix), rue de France, 23.
Veuve Belloc, rue de France, 25.
Lamoureu-Laulhé, rue de France, 27.
Veuve Dumangin, rue de France, 41.
Veuve Hausséguy, rue de France, 51.
Veuve Gardères (Welcome), rue de France, 61.

Dame Réjaunier (Belmont), rue de France, 63.
Bradschaw-William (chalet Violette), rue de France, 65
Boulant (Alfred) (Helder), rue de France, 2.
Bertrand (Alphonse) (Maison-Suisse), rue de France, 4.
Veuve Moussempès, rue de France, 6.
Destandau, rue de France, 12.
Veuve Combes, rue de France, 12.
Manes (Léonce) (chalet Saint-Joseph), rue de
France, 28.
Woodwill (Élisabeth), chemin Gramont.
Dame Vialatte, villa Marie, quartier Chélitz.
Veuve Prévot, rue des Chantiers, 5.
Veuve Récart, rue de la Maison-Suisse.
Dalbarade (Jean-Baptiste), rue de la Maison-Suisse.
Dame Castets, rue Olivier, 5.
Veuve Castix, rue Olivier, 5.
Vergès (Irma), rue Olivier, 20.
Vispaly (Charles), cours de la Gare, 7.
La Romana, cours de la Gare, 9.
Veuve Gastéran (maison Haramboure), cours de la
Gare, 11.
Lacour (Afred), cours de la Gare.
Dame Seydoux, née Sers, cours de la Gare.
Veuve Lefebvre, avenue Carnot, 7.
Veuve Grelat, avenue Carnot, 9.
Jol (Barthélemy), avenue Carnot, 13.
Veuve Samalens, avenue Carnot.
Veuve Samalens (villa Ida), avenue du Jeu de Paume.
Morin (villa Blanche), avenue du Jeu de Paume.
Lafourcade (villa Cyprien), avenue du Jeu de Paume.
Dame Darrotchèche, chemin des Champs, 21.
Veuve Silhouette, chemin des Champs, 23.
Gobert (villa Gobert), avenue des Champs, 6.
Villa du Midi, avenue des Champs, 4.
Veuve Harcaut, avenue de Paris, 10.
Pavillard (Frédéric), avenue de Paris, 12.
Mustioli (Ugo), avenue de Londres, 7.
Lapeyre (Jean-Baptiste), avenue de Londres, 7.
Docteur Gutierrez, avenue de Londres.
Jaulerry, rue Croix-des-Champs.
Veuve Bidegaray, rue Croix-des-Champs, 2.

Veuve Dallières, rue Croix-des-Champs, 6.
Thierry (Ernest), rue Croix-des-Champs, 8.
Lacoste (Paul), rue de la Comédie, 6.
Ballutet (Eugénie), rue Simon-Etcheverry, 8.
Garay (Honorine), rue Simon-Etcheverry, 10.
Etcheverry (Jean-Baptiste), rue Simon-Etcheverry, 12.
Docteur Augey, Cité Broquedis.
Singher (héritiers), rue Cité Broquedis.
Forsans (Pierre), rue Cité Broquedis.
Veuve Sarthou, rue Cité Broquedis.
Doyhambéhère, rue Cité Broquedis.
Sarrut (Paul), rue Cité Broquedis.
Droin (Gustave), rue Cité Broquedis.
Saubradiel, rue Cité Broquedis.
Veuve Maynadié, rue Champ-Lacombe, 6.
Lassalle (Jean-Baptiste), rue Champ-Lacombe, 10.
Tisset (Gaston), rue Champ-Lacombe, 14.
Ballutet (Gustave), rue Champ-Lacombe, 16.
Veuve Poustis, rue Champ-Lacombe, 18.
Dame Isabeau, rue Champ-Lacombe, 18.
Gelos (Barthélemy), rue Duler, 5.
Delissalde (Jeanne), rue Duler, 13.
Housset (Martin), rue Duler, 15.
Durin (Joseph), rue Duler, 15.
Veuve Harcaut, rue Duler, 17.
Figué (Jean-Baptiste), rue Duler, 6.
Cinqualbres (François), rue Duler, 18.
Ruiz-Joanito, rue Impasse Duler, 12.
De Monclar, rue Vauréal, 1.
Baylion (Théodore), villa Cœli.
Forsans (Pierre), rue Gambetta, 9.
Veuve Dibouzeide, rue Gambetta, 2.
Veuve Lafuste, rue Gambetta, 13.
Berhouet (Jean), rue Gambetta, 15.
Veuve Lombart, rue Gambetta, 17.
Veuve Maumus, rue Gambetta, 19.
Cazenave (Eugène), rue Gambetta, 25.
Rouillier-Veillet, rue Gambetta, 4.
Russac (Adeline), rue Gambetta, 8.
Veuve Etchegaray, rue Gambetta, 18.
Dumont, rue Gambetta, 10.

6

Docteur Toussaint, rue Gambetta, 24.
Saubot-Damborgez, rue Gambetta, 28.
Russac Alexandre (villa Kéty), rue Gambetta, 3o.
Vigneau (Eugène), rue Gambetta, 3o.
Carrère (Noël), rue Gambetta, 32.
Laulanné (Jules), rue Gambetta, 38.
Dame Ponsolle, rue Gambetta, 42.
Schwarz (Rosa), rue Gambetta, 42.
Delessert (Édouard), rue Gambetta, 48
Loustau (Nancy), rue Gambetta, 52.
Lavergne (Jean-Pierre), rue d'Espagne, 1.
Veuve Abraham, rue d'Espagne, 7.
Laborde, rue d'Espagne, 9.
Bapsères (Alexandre), rue d'Espagne, 13.
Baylion (Théodore), rue d'Espagne, 37.
Silhouette (Louis), rue d'Espagne, 14.
Dame de Wecker, rue d'Espagne, 74.
Veuve Ducourrau, rue d'Espagne, 76.
Pouquet (Alfred), avenue du Bois de Boulogne.
Elissalde (Théodore), avenue du Bois de Boulogne.
Delessert (Édouard), rue de l'Ouest, 5.
Veuve Harambourre, rue des Basques, 1.
Veuve Gomès, rue des Basques, 9.
Veuve Deluc, rue des Basques, 11.
Caboscq (villa Marga), rue des Falaises, 2.
Lebeuf (Lucien), rue des Falaises, 4.
Labrouche (Félix), rue d'Albarade, 1.
Dame Hattersly, rue d'Albarade, 7.
De Wecker (Louis), rue d'Albarade, 2-4.
Serres (François), rue d'Albarade, 6.
Luxmoor (Charles), rue d'Albarade, 8.
Veuve Doyhambéhère, rue d'Albarade, 10.
Roth (Gaston), rue d'Albarade, 12-16.
Doyhamboure (Renaute), rue d'Albarade, 14.
Castaignet (Hippolyte), rue Peyreloubilh, 3.
Veuve Espéron, rue Peyreloubilh, 4.
Dame Alby (Louis, rue Peyreloubilh, 4.
Nounez (Léon), rue Peyreloubilh, 6.
Bonnecarrère, rue Peyreloubilh, 10.
Delessert (Édouard), rue Peyreloubilh, 12.
Cannes (Michel), rue de la Fontaine, 3.

Carrau-Sarniguet, rue Neuve, 3.
Derrecagaix (dame), rue Neuve, 5.
Dame Louis, rue Neuve), 7.
Lacadée (Pierre), rue Neuve, 4.
Ballutet (Gustave), rue Leroy, 1.
Fonsègue-Régulus, rue Leroy, 1 *bis*.
Veuve Silhouette, rue Leroy, 5.
Frois (Paul), rue Leroy, 9 et 9 *bis*.
Demoiselle Affre, rue Leroy, 13 et 15.
Fourneau-Peilhot, rue Leroy, 13 et 15.
Hamel (Albert), rue Leroy, 17.
Sarraille (François), rue Leroy, 4.
Pomiro (Charles), rue Miramar, 2.
Rivière-Maze, rue Miramar, 3.
Blanchard (Édouard), rue Miramar, 4.
Thorold (Réginald), rue Miramar, 5.
Darqui (Marguerite), rue Miramar, 7.
Moulis (Alexis), rue Miramar, 8.
Joantho (de), rue Miramar, 9.
Pommiès (Jean-Baptiste), rue Miramar, 10.
Simonet (Eugène), rue Miramar, 12.
Veuve Bapsères, rue Miramar, 13.
Lagarre (Justin), place du Port-Vieux, 1.
Veuve Ducourrau, place du Port-Vieux, 2.
Veuve Dacosta, place du Port-Vieux, 4.
Gardilanne (Paul), place du Port-Vieux, 1.
Veuve Larrebat, place du Port-Vieux, 2.
Veuve Camou, rue du Port-Vieux, 1.
Veuve Bilart, née Pommiès, rue du Port-Vieux, 5.
Pouquet (Alfred), rue du Port-Vieux, 7.
Lascano (Jules), rue du Port-Vieux, 9.
Gey (Jean), rue du Port-Vieux, 13.
Morel (Henri), rue du Port-Vieux, 15.
Marsans (Jules), rue du Port-Vieux, 2.
Betbeder (Jeanne-Marie), rue du Port-Vieux, 6.
Dalbarade (Marie), rue du Port-Vieux, 10.
Veuve Broquedis (chalet Bertrand), à l'Atalaye.
Raiffé (Pierre-Albert, à l'Atalaye.
Veuve Buchental, à l'Atalaye.
Veuve Figué, à l'Atalaye.
Veuve Lissalde, à l'Atalaye.

Hitce (Pauline), à l'Atalaye.
Nartus (Jacques), à l'Atalaye.
Faucon (Alexandre), à l'Atalaye.
Lasserot (Auguste), à l'Atalaye.
Comte de Montebello, à l'Atalaye.
Mimiague (Favori), à l'Atalaye.
Veuve Ducourrau, sentier Fourio, 1.
Demoiselle Pommiès, sentier Fourio, 2.
Veuve Canne, sentier Fourio, 3.
Veuve Davezac de Moran, sentier Fourio, 4.
Bapsères (Jean-Baptiste), place Sainte-Eugénie, 5 et 7.
Brocq (Marie), place Sainte-Eugénie, 9.
Veuve Broquedis, place Sainte-Eugénie, 11.
Demoiselle Affre, place Sainte-Eugénie, 8.
Veuve Dibildox, rue Mazagran, 11.
Fried (Louis), rue Mazagran, 15.
Lacadée (Martin), rue Mazagran, 17.
Lacadée (Pierre), rue Mazagran, 17 *bis*.
Veuve Moussempès, rue Mazagran, 19.
Maumus (Jean-Baptiste), rue Mazagran, 21.
Veuve Doyhamboure, rue Mazagran, 27.
Veuve Launet, rue Mazagran, 31.
Villeneuve (Jean-Baptiste), rue Mazagran, 12.
Legrand-Simonard, rue Mazagran, 16.
Veuve Baillet, rue Mazagran, 18.
Sommer (Auguste), rue Mazagran, 18.
Blondel (Auguste), rue Mazagran, 20.
Veuve Silhouette (Casimir), rue Mazagran, 22.
Santorelli (Côme), rue Mazagran, 24.
Veuve Lair, rue Mazagran, 26.
Billoud (Gaston), rue Mazagran, 28.
Veuve Castanié, rue Mazagran, 30.
Serres (François), rue Mazagran, 32.
Veuve Gambier, La Négresse.
Bellairs, La Négresse.
Duc de Grenade, route de Bayonne.
Thorold (Réginald), route de Bayonne.
Cassiau, à Chateauneuf, route de Bayonne.
Haramboure (Pauline), route de Bayonne.
De Giro (villa Cadix), route de Bayonne.
Irigoin (Arnaud), route de Bayonne.

Lebas (Louise), chalet des Tilleuls, route de Bayonne,
Sibout (Charles), route de Bayonne.

Malletiers et articles de voyage.

Ducassou (Louis), place de la Liberté.
Claverie (Grand Bazar) rue Gambetta.

Maréchaux ferrants.

Bignon (Michel), rue de France, 5
Latreyte (Joseph), rue de France, 21.
Cazaux (Jean), rue de la Maison Suisse.

Menuisiers entrepreneurs.

Lacour (Alfred), cour de la Gare.
Carpy (Firmin), cour de la Gare.
Ballutet (Gustave), rue Champ-Lacombe, 16.
Figué frères, rue Duler, 6.
Fourneau-Tiburce, rue Impasse Duler, 8.
Haritzalde (Félix), rue d'Espagne, 15.
Hitze (Jean-Baptiste), rue d'Espagne, 19.
Bourtayre (Jean-Adam), quartier Neuf.

Mercerie. — Bonneterie. — Lingerie. — Gants.

Doyhamboure (Marie), place de la Mairie, 4.
Dame Rabaud, rue Gambetta, 1.
Lapoublade (Auguste), rue Gambetta, 7.
Rouiller-Veillet, rue Gambetta, 4.
Dumont (Louise), rue du Port-Vieux, 15.
Saint-Guilhen-Rigaud, rue Mazagran, 3 bis.
Moussempès (Marie), rue Mazagran, 17.
Legrand-Simonard, rue Mazagran, 16.
Veuve Laborde, rue Mazagran, 22.
Veuve Lair, rue Mazagran, 24.

Meubles et objets d'ameublements.

Maumus (Joseph), place de la Liberté, 1.
Yanès (Francisco), rue Olivier, 10.
Bonnecarrère (Emile), rue Neuve, 4, rue Mazagran, 19.
Dufourg (Arnaud), rue de France, 7.

6.

Modes (Confections pour dames et enfants)

Dame Léguillon, place de la mairie, 4.
Raulet (Simon), place Bellevue, 1.
Dame Korber, rue de France, 13.
Calvet (Victor), rue Gambetta, 3.
Scajola (Emile), rue Gambetta, 3.
Castelbielh (Alexandre), rue Mazagran, 3 *bis*.
Sénault (Adèle), rue Mazagran, 3 *ter*.
Liben (Gabrielle), rue Mazagran, 17.
Veuve Lavisse et Morisson, rue Mazagran, 20.
Lalanne (Noéline), rue Tastoua, 1.

Modistes.

Demoiselle Doyhambéhère, rue Cité Broquedis.
Demoiselle Darroux, rue Mazagran, 22.
Emile (Albert), rue Mazagran, 15.
Labroquère (Amélie), rue de Mazagran, 18.
Dame Boyer, rue du Port-Vieux, 5.

Massage et hydrothérapie.

Dain, rue du Manège.

Notaire.

Blaise (Charles), avenue d'Osuna, 6.

Professeurs de musique.

Gradwold (Isidore), rue de France, 14.
Rosenfeld (Athias), rue Gambetta.
Demoiselle De Saw (Aline), avenue de Londres, 1.

Papiers peints.

Lansalot (Paul), rue Olivier.
Mur (Charles), rue de l'Industrie.

Pâtissiers-Confiseurs.

Miremont (Jean), rue Mazagran, 2.
Delluc (Albert), place de la Mairie, 9.
Dominique (Jean-Baptiste), place de la Mairie.
Cazenave (Pierre), rue Gambetta, 1.
Figué (Emile), rue Mazagran, 23.

Peintres (Artistes).

Mère fils, au Casino.
Poite (Gabriel), plateau du Phare.
D'Aubépine, rue Champ-Lacombe.

Peintres en bâtiments.

Argentin (Jean-Baptiste), rue de l'Imprimerie, 4.
Biroux (Laurent), avenue Fourneau, 4.
Bourtayre (Pierre), rue Loustau, 10.
Lacoste (Paul), rue de la Comédie, 6.
Lansalot (Paul), rue Olivier.
Lescamela (Charles), chemin Grammont.
Sarraille (François), rue Peyreloubilh.

Pétrole. — Essence. — Gaz mill.

Genté (Victor), à Laroze, route de Bayonne.
Langle (Clément), rue Mazagran.
Loustau (Roch), rue de France.

Photographes.

Frois (Paul), rue Leroy, 9.
Ouvrard (Gaston), avenue du Palais et Grande Plage.
Valet de Montano, rue Peyreloubilh.
Lair (Jean-Baptiste), rue d'Espagne.
Guesquin (Auguste), rue Mazagran, 27.

Plâtriers.

Pennes (Henri), quartier du Gaz.
Duprat (Jeanty), rue de l'Océan, 2.
Robert (Julien), rue de l'Ouest, 7.
Duprat (Noël), rue des Falaises, 4.

Poissons.

Gros et détail :

Silhouette frères (armateurs), chemin des Champs, 25, et au Port.

Détail :

Corréa (Marie-Gracieuse), Halle au marché.
Dame Darraspe, Halle au marché.
Dame Henri, Halle au marché.
Mimiague (Caroline), Halle au marché.

Quincaillerie. — Clouterie.

Héguy (Bertrand), cité Gardague, 7.
Langle (Clément), rue Mazagran.
Claverie (Grand Bazar), rue Gambetta.

Tailleurs d'habits.

Old England : M. Fisher, place Bellevue, 4.
Scotland : MM. Sangla et Dubois, place Bellevue.
Orossen et fils, rue Mazagran.
Baudorre (Jean-Baptiste), rue Mazagran, 18.

Tapissiers.

Dufourg (Arnaud), rue de France 7.
Mouguerre (Antoine), rue Loustau, 12.
Doubrères (père), rue des Basques, 16.
Laplace fils, rue de Frias.

Vins et spiritueux.

Chimènes et Bumsel, place de la Mairie et rue des Écoles.
Lannot (Alfred), place de la Mairie, 8.
Fauthous (Jean-Baptiste), rue de France, 9.
Russac (Auguste), place du Marché, 4.
Iriarté (Francisco), rue Olivier, 3.

Garisoain (Francisco), cours de la Gare, 1.
Maturana (Loréano), chemin des Champs, 19.
Gonzalez (Joseph), rue Croix-des-Champs, 1.
Veuve Bidegaray, rue Croix-des-Champs, 2.
Bignon-Page, rue Gambetta, 3.
Couzain (Eugène), rue Gambetta, 7.

Volailles. — Gibiers.

Bastide (Étiennette), Halle au marché.
Bonney (Etienne), Halle au marché.
Dame Boustingorry, Halle au marché.
Dame Casemajor, Halle au marché.
Chapelet (Marie), Halle au marché.
Dorlas (Jeanne), Halle au marché.
Labenne (Bernard), Halle au marché.
Laborde (Didier), Halle au marché.
Landalle (Jean-Baptiste), Halle au marché.
Dame Lissalde, Halle au marché.
Londres (Théodore), Halle au marché.
Milox (Pierre), Halle au marché.
Pau (Justin), Halle au marché.
Pouëyts (Bernard), Halle au marché.

Voitures (loueurs de).

Assot (Henri) rue de la Maison-Suisse.
Cabos (Jean-Aimé), place de la Liberté, 5.
Cabos (Jean-Baptiste), rue du Gaz.
Cazalis (Jean), rue des Falaises.
Cazenave (Jean), rue Olivier.
Darrigrand-Bignon et Cie, place de la Mairie.
Garat et Camy, rue Cité Broquedis.
Halpen (Max), avenue d'Osuna.
Larré (Jean), rue Cité Gardague.
Larrebat (frères), rue Gambetta, 1.
Dame Larrendat, rue de la Maison-Suisse.
Lescatreyres (Martin), rue Olivier, 15.
Maumus (Jean-Baptiste), rue Mazagran.
Maumus (François fils), rue Neuve.

Paraguette (Jean), avenue d'Osuna.
Sans (Philippe), rue Bon-Air, 1.
Veuve Sarthou, rue Cité Broquedis et route de Bayonne.
Viela-Abadie, rue des Cent-Gardes.

TARIF DES VOITURES DE STATIONNEMENT

1º Voitures à 3 roues.

fr. c.

		fr. c.
Dans l'octroi...	la course.....	1 »
	l'heure.......	1.50
En dehors......	la course.....	1.50
	l'heure.......	1.50

2º Voitures à 2 et 4 roues et 1 cheval.

Dans l'octroi...	la course.....	1.50
	l'heure.......	2 »
En dehors......	la course.....	2 »
	l'heure.......	2.50

3º Voitures à 2 chevaux.

Dans l'octroi....	la course.....	2 »
	l'heure.......	2.50
En dehors.......	la course.....	2.50
	l'heure.......	3 »

Le service de nuit, de 11 heures du soir à 8 heures du matin, se paye 1 franc de plus que celui de jour.

TABLE DES MATIÈRES

VUES HORS TEXTE

1º Biarritz à vol d'oiseau (vue prise du Phare).
2º Le Casino.
3º La Grande Plage. — La Côte des Basques. — Le Port-Vieux.
4º Le port des Pêcheurs et l'église Sainte-Eugénie.
5º Le rocher de la Vierge.
6º Le palais de Biarritz et l'église russe.
7º La Grande Plage en saison.
8º Villa Ruitz, résidence de Sa Majesté la reine de Serbie.
9º Le British-Club ou Cercle Anglais.

7

CAVES LANNOT

Caves Lannot

8, PLACE DE LA MAIRIE, BIARRITZ

LANNOT	Vins de Bordeaux
LANNOT	Vins de Bourgogne
LANNOT	Vins de Champagne
LANNOT	Vins Étrangers
LANNOT	Vins de table à 0fr.50, 0fr.60, 0fr.75 » Bordeaux, 1fr., 1fr.50, 1fr.75, 2fr.
LANNOT	Liqueurs, Cognacs toutes marques Cognacs, 2fr.50, 3fr., 3fr.50, 4fr.50, 5fr.
LANNOT	Bières françaises et étrangères Bock hollandais supérieur
LANNOT	Eaux gazeuses Eaux minérales — Sirops
LANNOT	Prix avantageux
LANNOT	Bock hollandais

Caves Lannot

Magasin Ch. GUESNU, à Biarritz

NAÏER, Entrepreneur

Chalet Wilkomen (Quartier du Gaz).

Pierre NAIER

ENTREPRENEUR DE TRAVAUX PUBLICS

SPÉCIALITÉ	Cimentage
DE	Fausses briques
Crépissages tyroliens	Joints anglais
EN TOUS GENRES	

Chalet Wilkomen, Quartier du Gaz

SENSAT

| HORLOGERIE | BIJOUTERIE |

ORFÈVRERIE, OPTIQUE

VENTES ET RÉPARATIONS GARANTIES

Place de la Liberté

HOTEL D'ANGLETERRE

Côté des Jardins.

HOTEL D'ANGLETERRE

Côté de la Mer.

LEÇONS GRATUITES AUX ACQUÉREURS
(On apprend en trois leçons)
Facilités de Paiement

J. SAMSON

Avenue du Palais et Grande Plage

LOCATION DE VÉLOCIPÈDES

(Agence de la maison A. CLÉMENT, de Paris)

VENTE ET ACHAT
ATELIERS DE RÉPARATIONS

Thé et Chocolat à la tasse
LUNCH

ARRIVAGE DE **LAIT** DEUX FOIS PAR JOUR

Établissement confortable

BELLE POSITION, VUE SUR LA MER

Grande Crèmerie de la Plage

M. MAURICE

Grande-Plage

Hôtel de France

L. FOURNEAU Fils

CENTRAL — *Entièrement Restauré* | *CENTRAL*

RESTAURANT

TERRASSE D'ÉTÉ

Place de la Mairie (en face les Bains)

PRÈS DU CASINO DU TRAMWAY DU B.-A.-B.

PENSION D'HIVER depuis **8 fr. par jour**
(Chambre, 3 repas, service)

Calorifère

APPARTEMENTS AU MIDI

On parle toutes les Langues.

PRIX MODÉRÉS

ETABLISSEMENT D'HORTICULTURE
GAUTIER FRÈRES

Vue intérieure d'une partie du Magasin de Fleurs
PLACE DE LA MAIRIE, N° 5

ENTREPRISE GÉNÉRALE DE PARCS & JARDINS

Gautier Frères

HORTICULTEURS, FLEURISTES ET PAYSAGISTES

Magasin de Fleurs

BIARRITZ ❀ *PLACE DE LA MAIRIE* ❀ BIARRITZ

ÉTABLISSEMENT ROUTE DE BIDART

La plus ancienne Maison d'Horticulture de Biarritz.

FONDÉE EN 1871

Les plus grandes cultures de fleurs pour massifs du Midi de la France.

Expéditions en arrachis dans tous les pays ayant des conventions postales avec la France, à des prix réduits et défiant toute concurrence.

DÉCORATIONS D'APPARTEMENTS

Corbeilles de Table et Bouquets en tous genres.

HOTEL VICTORIA (Côté de la mer.)

Hôtel Victoria

J. FOURNEAU

PROPRIÉTAIRE-DIRECTEUR

MAISON DE PREMIER ORDRE

Ce magnifique établissement est des mieux situés, sur la Plage, près des Bains, au centre des plus belles promenades.

120 CHAMBRES & SALONS SUR LA MER & AU MIDI

RESTAURANT & VÉRANDA
Sur la mer.

AU BOIS D'OLIVIER

P. Blanqui

TAMBOURS DE BASQUE

ÉVENTAILS ESPAGNOLS

Rue Mazagran

SPÉCIALITÉ D'ARTICLES ESPAGNOLS

CHIFFRES ET ARMOIRIES SUR COMMANDE

HAUTES NOUVEAUTÉS EN TOUS GENRES

Bijouterie de Pierres des Pyrénées

HÔTEL CONTINENTAL
BIARRITZ

FAÇADE SUR LA MER

FAÇADE SUR LE MIDI

B. PEYTA, PROPRIÉTAIRE

Grand Hôtel des Princes

E. COUZAIN

PROPRIÉTAIRE

Maison de 1ᵉʳ Ordre

CUISINE LA PLUS RENOMMÉE — CAVE RECOMMANDÉE

PRIX MODÉRÉS

PHARMACIE

Félix Moureu

The old established english and american Pharmacy

5, Place de la Mairie

ENGLISH CHEMIST BY EXAMINATION

8

BOUCHERIE

Jules Laulanné

FOURNISSEUR BREVETÉ

de Sa Majesté la Reine d'Angleterre

3, Rue Gambetta

BIARRITZ

Service d'Été — **TRAJET EN 15 MINUTES** — **Bains de Mer**

MARCHE DES TRAINS

Trains supplémentaires selon les besoins du service. (left margin)

Trains supplémentaires selon les besoins du service. (right margin)

DÉPARTS DE BAYONNE ALLÉES PAULMY	PRIX DES PLACES	DÉPARTS DE BIARRITZ PLACE DE LA LIBERTÉ
6 h. matin.	1re cl. 0f60 / 2e cl. 0.40 — de Bayonne à Biarritz et vice versa	5 h. 30 matin.
7 h.	1re cl. 0.55 / 2e cl. 0,35 — id. de Bayonne à Anglet	6 h. 30.
8 h.	1re cl. 1 fr. / 2e cl. 0.70 — de Bayonne à Biarritz et vice versa	7 h. 30.
9 h.	1re cl. 0.80 / 2e cl. 0.50 — de Bayonne ou de Biarritz à Anglet (id.)	8 h. 30.
9 h. 30.		9 h.
10 h.		9 h. 30.
10 30.		10 h.
11 h.		10 h. 30.
11 h. 30.		11 h.
Midi.		11 30.
12 h. 30 soir.		Midi.
1 h.		12 30 soir.
1 h. 30.		1 h.
2 h.		1 h. 30.
2 h. 30.		2 h.
3 h.		2 h. 30.
3 h. 30.		3 h.
4 h.		3 h. 30.
4 h. 30.		4 h.
5 h.		4 h. 30.
5 h. 30.		5 h.
6 h.		5 h. 30.
6 h. 30.	SIMPLE PARCOURS	6 h.
7 h.		6 h. 30.
7 h. 30.	ALLER ET RETOUR	7 h.
8 h.		7 h. 30.
9 h.		8 h. 30.
10 h.		9 h. 30.
11 h.		10 h. 30.
Minuit (les dimanches).		11 h. 30 (les dimanches).

Tous les trains s'arrêtent à Anglet.

Il est délivré des carnets de **vingt billets** *pour toute destination dans les gares de Bayonne, Biarritz et à la Halle, aux prix suivants :*

1re classe, **10 fr.** — 2e classe, **7 fr.**

Les enfants au-dessous de 3 ans ne payent pas ; de 3 à 7 ans, ils payent demi-place. Les militaires en tenue payent demi-place.

Service d'Hiver TRAJET EN 15 MINUTES Service d'Hiver

MARCHE DES TRAINS

DÉPARTS DE BAYONNE ALLÉES PAULMY	PRIX DES PLACES	DÉPARTS DE BIARRITZ PLACE DE LA LIBERTÉ
	1re cl. 0f60 / 2e cl. 0.40 — 1re cl. 0.55 / 2e cl. 0.35 — 1re fr. 1 fr. / 2e cl. 0.70 — 1re cl. 0.80 / 2e cl. 0.50	
7 h.		6 h. 30 matin.
8 h.		7 h. 30.
9 h.		8 h. 30.
10 h.		9 h. 30.
10 h. 30.		10 h.
11 h.		10 30.
11 h. 30.		11 h.
Midi.		11 h. 30.
12 30 soir.		Midi.
1 h.		12 h. 30 soir.
1 h. 30.		1 h.
2 h.		1 h. 30.
2 h. 30.		2 h.
3 h.		2 h. 30.
3 h. 30.		3 h.
4 h.		3 h. 30.
4 h. 30.		4 h.
5 h.		4 h. 30.
5 h. 30.		5 h.
6 h.		5 h. 30.
6 h. 30.		6 h.
7 h.		6 h. 30.
7 h. 30.		7 h.
8 h.		7 h. 30.
9 h.		8 h. 30.
10 h.		9 h. 30.
11 h, (les dimanches).		10 h. 30 (les dimanches).

Colonnes de prix (PRIX DES PLACES) :
- SIMPLE PARCOURS : de Bayonne à Biarritz et vice versa ; de Bayonne à Anglet id.
- ALLER ET RETOUR : de Bayonne à Biarritz et vice versa ; de Bayonne ou de Biarritz à Anglet (id.)

Mentions latérales gauche et droite : *Trains supplémentaires selon les besoins du service.*

Il est délivré des carnets de **vingt billets** pour toute destination dans les gares de Bayonne, Biarritz et à la Halte, aux prix suivants :

1re classe, **10 fr.** — 2e classe, **7 fr.**

Les enfants au-dessous de 3 ans ne payent pas : de 3 à 7 ans, ils payent demi-place. Les militaires en tenue payent demi-place.

Les trains de théâtre sont indiqués par les affiches annonçant la représentation.

8.

Maison A. LALANNE

11, rue de France

APPARTEMENTS		PRÈS DE LA
ET		GRANDE PLAGE
CHAMBRES GARNIES		et du
pour Familles		CASINO
—⊠—		—⊠—
PRIX MODÉRÉS		PRIX MODÉRÉS

G. OUVRARD PHOT

CAFÉ LALANNE

CONSOMMATIONS DE 1er CHOIX

Épicerie du Bon Marché

11, Rue de France, 11

Vente de produits photographiques

Dépot de PLAQUES LUMIÈRE ✦ LOCATION d'APPAREILS

G. OUVRARD

Photographe, Avenue du Palais

HOTEL DE L'EUROPE

Place de la Liberté

HOTEL DE L'EUROPE

BIARRITZ

Louis Casenave

NOUVEAU PROPRIÉTAIRE

APPARTEMENT CONFORTABLE POUR FAMILLE

TABLE D'HOTE — RESTAURANT

Terrasse ayant vue sur la Mer

PRIX MODÉRÉS

CARROSSERIE PARISIENNE

Vue d'un coin des ateliers de montage.

CARROSSERIE PARISIENNE

Rue des Cent-Gardes

ET

ROUTE DE BAYONNE

COMMISSION

EXPORTATION

FABRIQUE DE VOITURES & HARNAIS

En tous genres

SPÉCIALITÉ DE VOITURES MINIATURE

Jules Destribats

9

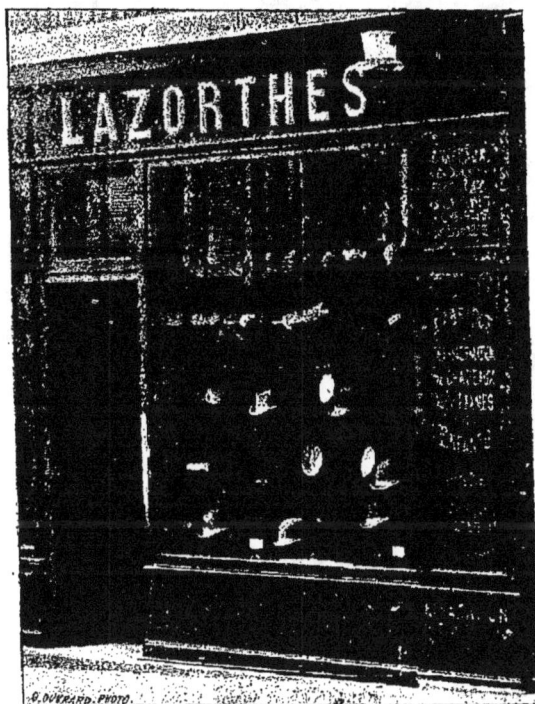

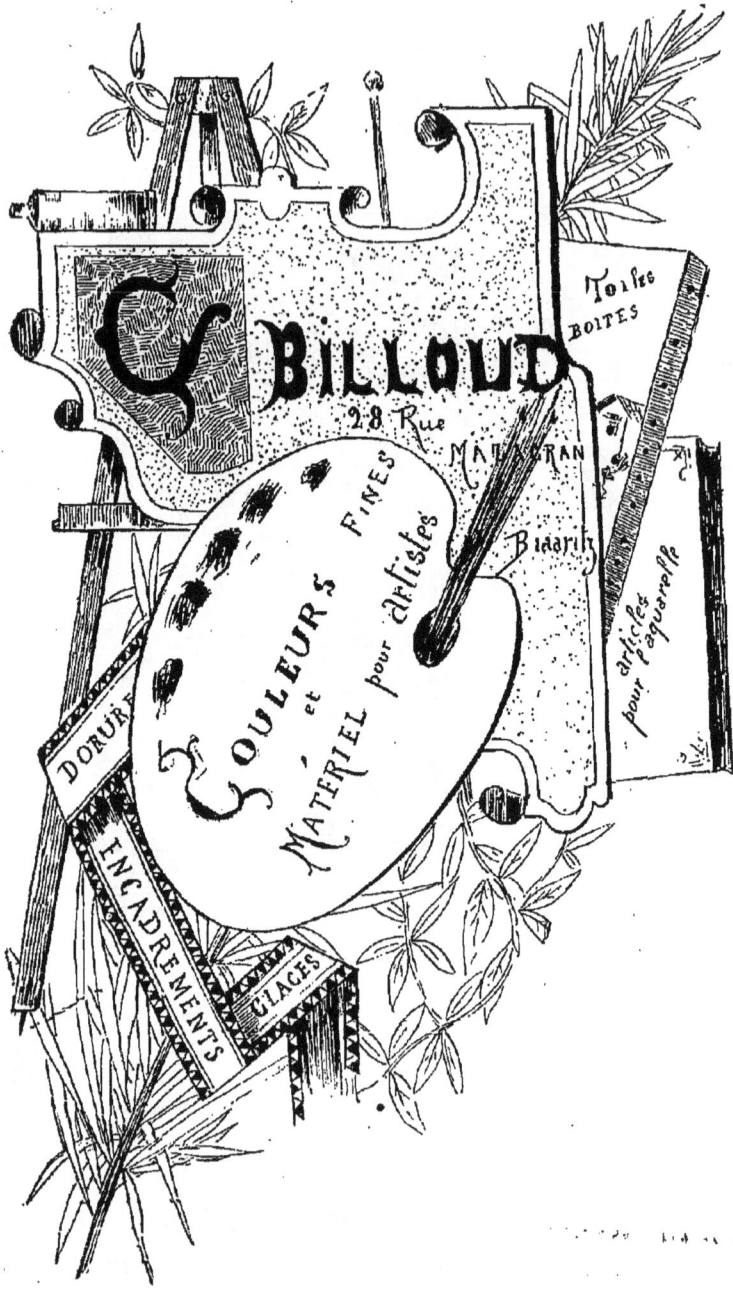

C. BILLOUD

28 Rue MALAKRAN

Biarritz

COULEURS FINES
et
MATÉRIEL pour Artistes

Toiles
BOÎTES

articles
pour l'aquarelle

DORURE

ENCADREMENTS

GLACES

Cougnard-Léoto

OPTICIEN DE PARIS -- BREVETÉ

Maison **Moussempès**, *Plateau du Phare*

N. B. — A la même adresse, à **vendre ou échanger,**
Terriers griffons écossais, Poules espagnoles à face blanche et Lapins angoras.

LACOUR

Cours de la Gare

ATELIER DE MENUISERIE ET ÉBÉNISTERIE

Dépôt de Bois de Construction

RUE D'ESPAGNE, 33 (EPICERIE MARTICOT)

BOIS ET CHARBONS

PIERRE ETCHEVERRY

Route Nationale

CRÈMERIE DE LA GRANDE PLAGE

Arrivage de lait *deux fois* par jour

AMEUBLEMENTS EN TOUS GENRES

François Laplace

TAPISSIER

2 et 7, rue de Frias

BIARRITZ

Travaux à façon — Décorations

— Ébénisterie —

Sièges et Tentures — Crin — Laine

Sommiers élastiques — Plume

— Duvet —

GARDE et **ENTRETIEN** de **TAPIS** et de **RIDEAUX**

LOCATION DE MEUBLES

On se charge de la confection des Matelas

PRIX MODÉRÉS

FRANÇOIS LAPLACE

TAPISSIER

2 et 7, rue de Frias

REPRÉSENTANT D'UNE DES PLUS GRANDES FABRIQUES

De Meubles de style

CIRÉS, VIEUX NOYER, NOYER NATUREL ET NOIR

Meubles genre

BAMBOU, SAPIN BLANC et PITCHPIN

PRIX MODÉRÉS

GRAND CHOIX DE PASSEMENTERIES

De la plus haute nouveauté.

PROMPTE LIVRAISON

9.

Hôtel de Bayonne.

PHARMACIE ANGLAISE

J. MOUSSEMPÈS
Pharmacien

19, Place Sainte-Eugénie, 19

PRODUITS PHARMACEUTIQUES
FRANÇAIS, ANGLAIS, AMÉRICAINS

MOUSSEMPES BIARRITZ

19 PHARMACIE Ste EUGÉNIE 19

Eaux minérales naturelles
SIPHONS ET SODA WATER

Cure des CORS aux PIEDS en 4 jours, par la PÉDICURINE ALDERTAS

FABRIQUE DE BOISSONS GAZEUSES
DÉPOT DE BIÈRES & SIROPS
P. TOUZAA
39, Rue de France, 39

CRÈMERIE DE LA GRANDE PLAGE
THÉ, CHOCOLAT, LAIT.

Maison CAZAUX

— 9, Grande Plage, 9 —

APPARTEMENTS TRÈS CONFORTABLEMENT MEUBLÉS

BELLE VUE SUR LA MER
Avec Terrasse

PRIX MODÉRÉS

USINE DE PRODUITS CÉRAMIQUES

Située près de la Grande Gare de la Négresse

~~~~~ ⊠ **BIARRITZ** ⊠ ~~~~~

EMBRANCHEMENT PARTICULIER

TUILES — BRIQUES — CARRELAGES

PRODUITS RÉFRACTAIRES — ORNEMENTS D'ARCHITECTURE

Poterie de Bâtiment

Usine perfectionnée à travail continu

DÉNOMMÉE

GRANDE TUILERIE-BRIQUETERIE MÉCANIQUE

DES PYRÉNÉES

DIRECTEUR:

Auguste Moussempès

Justin BELLOC

GRAND CAFÉ DE PARIS

Place Belle-Vue
AVEC TERRASSE SUR LA MER
En face le Casino et le Grand-Hôtel

CONSOMMATIONS DE PREMIER CHOIX

GRANDE FABRIQUE D'EAUX GAZEUSES
Rue Olivier

Vve DAUGAS

Place de la Liberté
SALON DE COIFFURE
Spécialité de Postiches
COIFFEUR POUR DAMES

AGENCE CENTRALE DE LOCATIONS
7, place de la Mairie
CHANGE DE MONNAIES, ORDRES DE BOURSE
VENTE ET ACHAT DE TITRES

Voitures de Luxe

ÉCURIES ET REMISES DES CENT-GARDES

DOMAINE DU PALAIS — BIARRITZ

E.-V. ABADIE

Service d'omnibus pour tous les trains

GRAND BREAK pour EXCURSIONS
Landaus, Coupés, Phaétons,
Mylords, Coupés, Victorias.
Dog-Carts, Victorias.

VASTES REMISES A LOUER
PENSION POUR CHEVAUX
Prix Modérés.

Se Habla Español — English Spoken

Bureau correspondant :

TÉLÉPHONE chez M. LANNOT,

PLACE DE LA MAIRIE, 8

BLANCHISSERIE MODÈLE

du Lac Marion

USINE A VAPEUR

PAUL DELVAILLE

Place de la Mairie

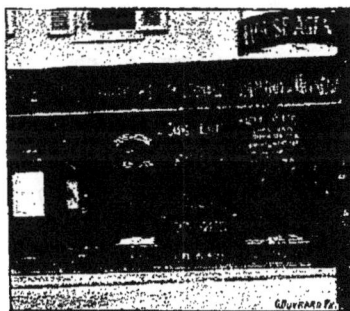

AGENCE DE LOCATION

CHANGE DE MONNAIES

AGENCE DES WAGONS-LITS

AGENCE COOK

ASSURANCE VIE & INCENDIE

MESSAGERIES

VILLA LAURENCE

Cours National et rue d'Ossuna
EN FACE LE CERCLE ANGLAIS
BELLE VUE SUR LA MER
A deux pas des Bains

11 CHAMBRES richement meublées et 4 SALONS
PRIX MODÉRÉS

TERRASSE ET JARDIN
AVEC VUE SUR LA MER

Mᵐᵉ Vᵛᵉ L. SARTOU

Cours National — En face le Cercle Anglais

OMNIBUS DE FAMILLE
VICTORIAS — LANDAUS POUR EXCURSIONS
à volonté
CORRESPONDANCE A TOUS LES TRAINS
Voitures anglaises et Coupés

Imprimerie
et
Lithographie

~~~~~~~~~~~~~~~~~~~~

ARTHUR BAYLION

Rue de la Gare et rue Olivier

Impressions de Luxe

FACTURES, TÊTES de LETTRES

Enveloppes, Cartes commerciales, etc.

AFFICHES DE TOUTES DIMENSIONS

MENUS

CIRCULAIRES, PROGRAMMES

Cartes de Visite à la Minute

~~~~~~~~~~~~~~~~~~~~

Le Progrès de Biarritz

JOURNAL HEBDOMADAIRE

publiant la liste des étrangers et donnant le compte
rendu de toutes les fêtes.

J.-B. CASTERES, directeur

TIR AUX PIGEONS

BIARRITZ — Plateau du Phare— **BIARRITZ**

Boucherie & Charcuterie
CENTRALE

FRÉDÉRIC COMAT

10, rue de France, 10

Succursale aux Halles

Arrivage journalier de Viande, 1er choix

BŒUF, VEAU, AGNEAU, MOUTON DES PRÉS SALÉS

MAISON DE CONFIANCE

Spécialité de Jambons de Bayonne

SAUCISSONS DU PAYS ET AUTRES

LARD FRAIS & SALÉ

Prix Modérés

CRÈMERIE DE LA GRANDE PLAGE

THÉ, CHOCOLAT

Arrivage de lait 2 fois par jour

ENTREPRISE DE COUVERTURE, PLOMBERIE ET ZINGUERIE, ardoises, tuiles, lattes, voliges, faîteaux.

Ancienne Maison MESMIN

YVES SIMON

6, cité Gardague

Appareils inodores, Ornements en zinc.

RÉPARATIONS

DANIEL FOURQUET

Entrepreneur de Charpente

SPÉCIALITÉ D'ESCALIERS

Boulevard d'Alsace-Lorraine

SAINT-ESPRIT—BAYONNE

ou chez M. NAÏER, entrepreneur à Biarritz.

ÉPICERIE ● MERCERIE

F. Bourtayre

Place Bourguignon, rue des Chantiers

CRÈMERIE DE LA GRANDE PLAGE

THÉ, CHOCOLAT

Arrivage de lait 2 fois par jour

AUX MONTAGNES RUSSES

Maison KORBER

HOTELS D'ANGLETERRE ET DE LA PLAGE RÉUNIS
Le Casino à Saint-Jean-de-Luz.

CAMBO-LES-BAINS

(Basses-Pyrénées)
STATION THERMALE ET CLIMATÉRIQUE
ÉTABLISSEMENT THERMAL ET HYDROTHÉRAPIQUE
Ouvert du 15 Avril au 15 Novembre

Eaux sulfureuses — Eaux sulfatées calciques magnésiennes et lithinées — Eaux ferrugineuses.

TRAITEMENT

Affections de la gorge, du larynx, des bronches, des poumons, spécialement chez les arthritiques. — Catarrhes de la vessie. — Dyspepsie, gastrite, entérite. — Métrite. — Engorgement du foie. — Gravelle, goutte, diabète, albuminurie. — Maladies de la peau. — Scrofule. — Chloro-anémie, Cachexie paludéenne. — Convalescence des maladies longues et graves.

Hôtels de 1er ordre. — Pensions de famille. — Villas et appartements meublés.

PRIX MODÉRÉS

Grandes variétés de promenades, excursions et ascensions. La station qui dessert la station thermale est à 17 kil. de Bayonne et porte le nom de **Cambo-Ville**.

BAYONNE

ANNONCES-RÉCLAMES

DE

Biarritz-Guide

CHOCOLAT DE BAYONNE   CHOCOLAT DE BAYONNE

Diplôme
d'Honneur

— ❖ —

HORS CONCOURS

M^{on} P. BIRABEN

Place de la Cathédrale et Rue de la Monnaie

BAYONNE (BASSES-PYRÉNÉES)

EXPÉDITION FRANCO DE PORT & D'EMBALLAGE
depuis 4 kilo.

— ❖ —

PRIX DU KILO.
4^{fr.}, 5^{fr.}, 6^{fr.}
ET
8^{fr.}

SUCCURSALE A BIARRITZ   13, RUE GAMBETTA, 13

11.

CRÈMERIE

DE LA GRANDE PLAGE

M. MAURICE

Arrivage de lait deux fois par jour.

BELLE VUE SUR LA MER

GRANDE PLAGE

VENTE

DE

PRODUITS PHOTOGRAPHIQUES

LABORATOIRE

à la disposition de MM. les Amateurs

Location d'appareils — Leçons

PHOTOGRAPHIE DU PROGRÈS, Avenue du Palais.

G. POITE

ARTISTE-PEINTRE

BIARRITZ

OLD ENGLAND, place Bellevue.

BAYONNE

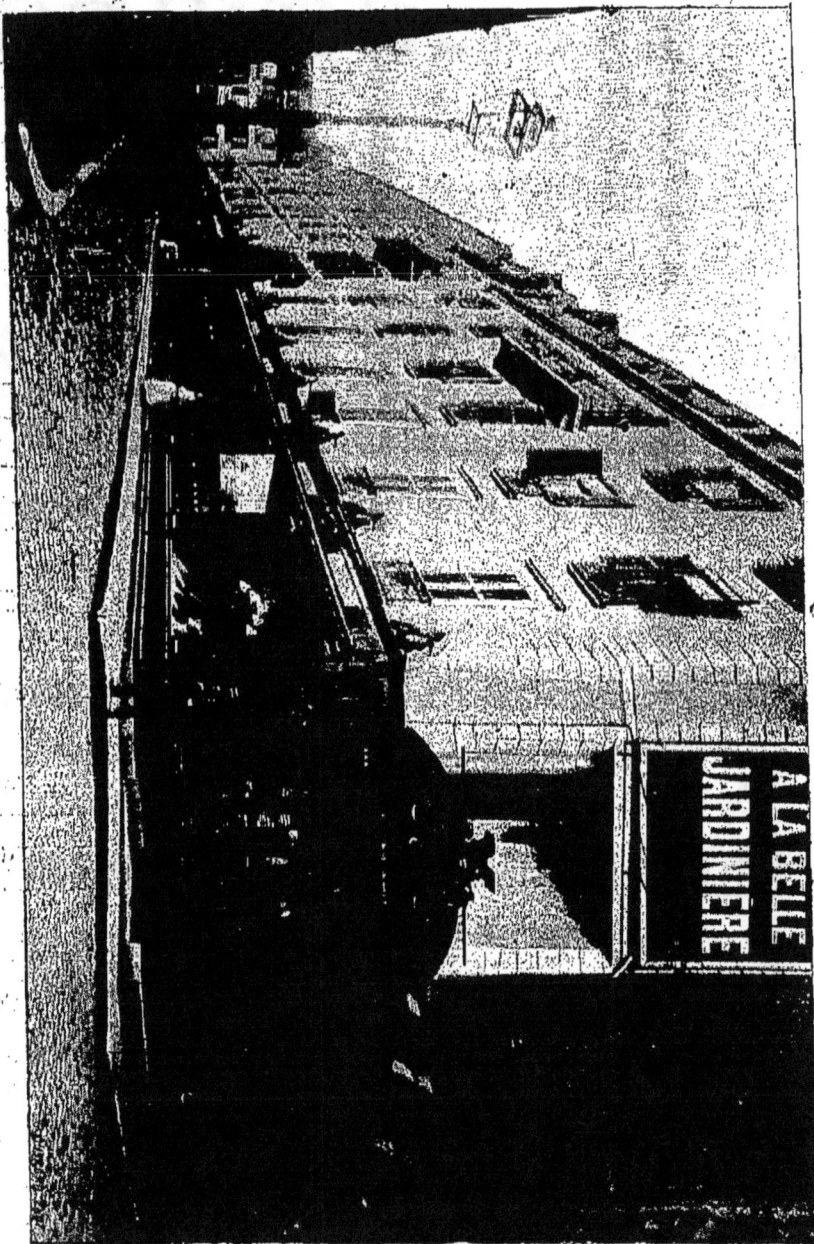

BELLE JARDINIÈRE — *Rue des Halles.*

A LA BELLE JARDINIÈRE

BELLE JARDINIÈRE

Rue des Halles

BAYONNE

La Maison de Tailleur la plus importante	Sarteria la mas importante

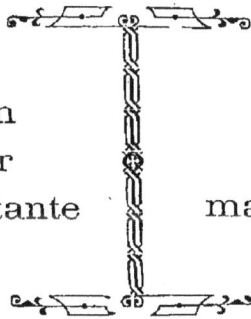

DUCHEN Frères

TAILLEURS

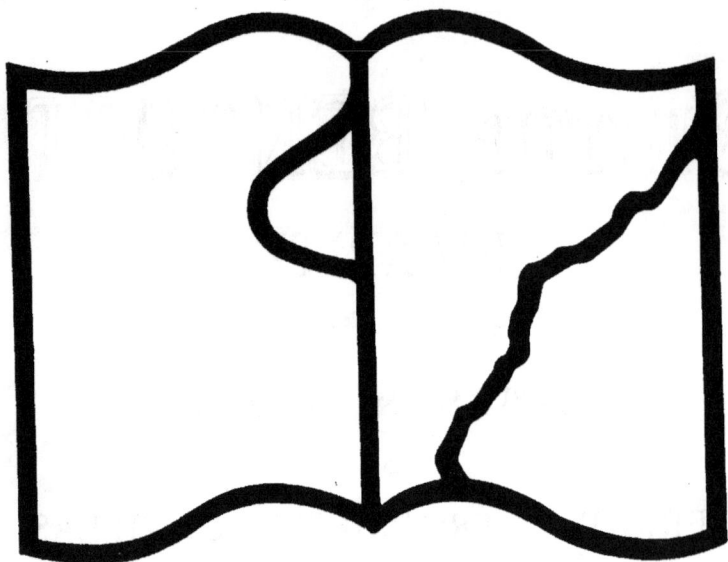

Texte détérioré — reliure défectueuse

NF Z 43-120-11